中國學術思想 研究輯刊

三三編

林慶彰 主編

第7冊

漢初學術及王充論衡述論稿（修訂本）

李偉泰 著

花木蘭文化事業有限公司

國家圖書館出版品預行編目資料

漢初學術及王充論衡述論稿（修訂本）／李偉泰 著 -- 初版
-- 新北市：花木蘭文化事業有限公司，2021〔民 110〕
目 2+178 面；19×26 公分
（中國學術思想研究輯刊 三三編；第 7 冊）
ISBN 978-986-518-436-0（精裝）
1.（漢）王充 2.論衡 3.批判哲學 4.學術思想 5.漢代
030.8   110000654

中國學術思想研究輯刊
三三編　第七冊　　　　　　ISBN：978-986-518-436-0

漢初學術及王充論衡述論稿（修訂本）

作　　者　李偉泰
主　　編　林慶彰
總 編 輯　杜潔祥
副總編輯　楊嘉樂
編　　輯　許郁翎、張雅淋　美術編輯　陳逸婷
出　　版　花木蘭文化事業有限公司
發 行 人　高小娟
聯絡地址　235 新北市中和區中安街七二號十三樓
　　　　　電話：02-2923-1455／傳真：02-2923-1452
網　　址　http://www.huamulan.tw 信箱 service@huamulans.com
印　　刷　普羅文化出版廣告事業
封面設計　劉開工作室
初　　版　2021 年 3 月
全書字數　140126 字
定　　價　三三編 18 冊（精裝）新台幣 48,000 元　　　版權所有・請勿翻印

漢初學術及王充論衡述論稿（修訂本）

李偉泰　著

作者簡介

李偉泰教授，1977 年畢業於臺灣大學中國文學研究所博士班，獲國家文學博士學位。歷任臺灣大學中國文學系講師、副教授、教授、系所主任等職。其學術專長主要為《史記》、《漢書》、兩漢學術史、《四書》，並長期從事相關之教學與普及推廣工作。著有《兩漢尚書學及其對當時政治的影響》（臺北：臺灣大學文學院，《文史叢刊》之四十三，1976 年 6 月初版；2019 年 3 月花木蘭修訂版），《漢初學術及王充論衡述論稿》（臺北：長安出版社，1985 年 5 月初版；2021 年 3 月花木蘭修訂版），與該系同仁合作編著《史記選讀》（臺北：臺大出版中心，2014 年 8 月增訂一版），與何寄澎等合作編著《中國文化基本教材》（臺北：龍騰出版社，1999 ～ 2000 年），其他論著詳見臺灣大學中國文學系網頁。

提 要

　　本書分為兩個單元：前四篇及附錄為一組，探討漢沿秦制的深層原因：劉邦集團放棄楚地本位，改採「秦本位政策」，藉以籠絡秦民，使秦民和劉邦集團產生休戚相關的共識，對外充分發揮秦地固有優越的人力物力資源，使劉邦在東、西對抗中屢挫屢起，終於重演類似戰國時期秦滅六國的故事，力挫東方強敵。因此對於漢沿秦制的現象，不能單純從消極面視為漢初庶事草創，未遑改訂秦制，所以因循而不革；也不能當作是無為政策的結果。相反的，這是劉邦集團積極的選擇，是他們克敵制勝的深層原因。由於秦制是以法家精神作為其制度的神髓，所以漢初朝廷在治術方面採用黃老的清淨無為，藉以沖淡秦制苛刻的弊端。這種秦制和黃老治術結合的局勢，使儒家的政治理想無從施展，故為眾多漢儒所批判，並展開漫長的崇儒運動，其結局是漢廷形成王霸並用，陽儒陰法的局面。

　　第伍至第玖篇為另一組，論述王充及其代表作《論衡》。王充在性格方面的最大特色，是辨明事物真相的傾向特別強烈。他著作《論衡》的主旨，以「疾虛妄」一語來概括（〈佚文篇〉），其目的是「就世俗之書，訂其真偽，辯其實虛。」（〈對作篇〉）綜觀王充一生的事業，主要有兩個項目：一為仕宦，二為著作。他的仕宦生涯很不順利，在「仕數不耦」（〈自紀篇〉）的情形下，他提出互相矛盾的適偶說和命定論來自我排遣：既然每個人的境遇都是由命或偶然因素來決定，則他對自己在仕途上的失意也就可以無所怨尤了。但他在適偶說和命定論之外，還有「求」的觀念，使他的生活依舊充滿了朝氣。他所能有效追求的，是倚靠著書立說達到「名傳於千載」（〈自紀篇〉）的地步。這份心願，與明辨然否，力求精確的心態，同為著作《論衡》的主要動力。

　　王充依據他在地方上的仕宦經驗，詳細的比較儒生和文吏的長處和短處，反映漢代地方吏治的若干問題，以及儒、法兩家在地方政治中的對立情形。王充對漢代的禁忌迷信，作了全面而有系統的批評，內容之詳盡，批評之透澈，均屬前所未有，不愧是破除迷信的偉大先驅者。王充在考辨文獻記載方面的重大貢獻，不在具體的成果，而是不迷信權威，勇於懷疑的精神，以及他所使用的各種考辨方法。《論衡》立說頗有自相矛盾之處。原因可歸納為三點：（一）王充在思想系統的一貫性方面有缺陷。（二）為了明哲保身，所以他一方面力斥災異說，另一方面卻屢屢稱道漢朝瑞應，而他明知災異與瑞應是一事的兩面。（三）《論衡》的著作時間長達三十年，完成時間不同的各篇，難免有說法彼此牴牾之處。

修訂說明

本書於 1985 年 5 月由臺北長安出版社出版，距今已有 35 年。年深日久，此書早已絕版多年，頗思著手修訂再版，本年適承花木蘭文化有限公司邀約，故將本書修訂後交由該公司出版。

修訂之項目如下：一、改用目前通行之標點符號：書名用《》，如《史記》；篇名用〈〉，如〈項羽本紀〉；書名加篇名用《‧》，如《史記‧項羽本紀》。二、重校所有引文，並盡可能以頁下注之方式注明出處。部分引文改依近年出版之版本，俾讀者較易尋找覆檢。三、修飾若干文詞。四、全書結構及論證如舊，盡可能保留初版之樣貌。五、增收附錄一篇：〈項羽對秦政策之檢討〉。

本書多篇曾獲行政院國家科學委員會之獎助，又本書從初稿到修訂，得到許多師長和朋友的指教，以及從游諸生和花木蘭公司同仁的協助，在此一併表示衷心的感謝！

著者　謹識
二○二○年十二月

目次

壹、試論漢初「秦本位政策」的成立

一、引言

　　觀察秦、漢間的史實，可以發現一件耐人尋味的現象：劉邦集團以少數東方人入據關中，[註1] 竟能充分利用秦的人力物力，來和項羽及其他東方諸侯角逐天下，終於取得勝利。這一件事實自非出於偶然，也斷非張良、陳平等幾位謀士的奇計，韓信、曹參等幾位良將的血戰，就能保證成功。其中勢必有一套足以籠絡秦民的政策，以便對內能夠安定秦地，進一步使秦民和劉邦集團產生休戚相關的共識，始能充分對外發揮秦地固有優越的人力物力條件，使劉邦在東西對抗中屢挫屢起，終於能夠重演類似戰國秦滅六國的故事，力挫東方強敵。劉邦集團所採的政策，簡而言之，即是放棄楚地本位，改採「秦本位政策」。此一政策決定了漢朝的基本性格，它的影響是全面性的，所以個人的主要興趣雖然是學術史，但為了說明漢代學術的背景，不得不先探討這個原本屬於政治或政治制度史的問題。

　　要探討劉邦集團何以採取「秦本位政策」，必須溯及劉邦與秦發生關聯的過程，劉邦與秦的關係是逐次加深的。以下各節，即大致依照時間順序，說明「秦本位政策」成立的經過。

〔註 1〕春秋以來，秦國的疆域不斷擴大，到秦始皇二十六年（前 221 年）滅齊，統一了「天下」，分「天下」為三十六郡。本文以「舊秦地區」、「秦國故地」或「秦地」指稱黃河以西戰國時期秦國的地盤，即三十六郡的內史、隴西、北地、上郡、漢中、蜀郡、巴郡。秦、漢之際人們往往籠統稱之為「關中」、「秦」、「秦地」、「秦之故地」、「關西」、「山西」等。本文考量上下文的語氣，故也不作嚴格的區分。

二、決策入關的分析

劉邦與秦民開始接觸，是由於楚懷王遣他入關。懷王所以作出這個決定，出自於諸老將的建議。《史記・高祖本紀》云：

> 秦二世三年（前207年），……（懷王）與諸將約，先入定關中者王之。當是時，秦兵疆，常乘勝逐北，諸將莫利先入關。獨項羽怨秦破項梁軍，奮，願與沛公西入關。懷王諸老將皆曰：「項羽為人僄悍猾賊，項羽嘗攻襄城，襄城無遺類，皆阬之，諸所過無不殘滅。且楚數進取，前陳王、項梁皆敗，不如更遣長者，扶義而西，告諭秦父兄。秦父兄苦其主久矣，今誠得長者往，毋侵暴，宜可下。今項羽僄悍，今不可遣；獨沛公素寬大長者，可遣。」卒不許項羽，而遣沛公西略地，收陳王、項梁散卒。〔註2〕

按：此段資料與劉邦入秦關係至深，特為分析如下：（一）所謂懷王諸老將，瀧川龜太郎（1865～1946）《史記會注考證》云：

> 愚按：懷王之立也，楚亡臣來歸者必眾，所謂諸老將是也。使懷王并呂臣、項羽軍，以宋義為上將軍，遣沛公入關者，概皆此等老將所為。〔註3〕

按：懷王雖為項梁所立，並非甘心做傀儡的人物，與項羽之間存有矛盾，〔註4〕所以有上述種種措施。不過就本文立場來說，此處所應注意的是，就當日情勢而言，懷王挾其名號，在號召楚人時，具備有利的條件，所以懷王及其手下諸老將，不失為楚地的一股勢力。又項羽雖暫時屈居宋義手下為次將，但項氏叔侄在吳中多年經營，延攬許多吳中豪傑，他們之間的關係和情分，懷王自不可能在短時間內將其切斷，所以項羽的潛在勢力不可忽視。

（二）爭奪天下必須具有穩固的根據地，始可立於不敗之地。為劉邦計，楚地已有懷王及項羽兩股勢力，難於和他們抗衡；其他地方，則有「六國之後」，劉邦也不易和他們角逐。惟獨關中，既有優越的地理形勢和資源

〔註2〕《史記》（北京：中華書局，1972年5月），卷8〈高祖本紀〉，頁356～357。2013年修訂本頁448～449（以下注文省略「2013年」五字）。

〔註3〕《史記會注考證》（通行本），卷8〈高祖本紀〉，頁24。

〔註4〕懷王與項羽之間的矛盾，本文不能多談，以免離題。柯慶明《文學美綜論》（臺北：長安出版社，1983年；2020年臺大出版中心再版）第四篇〈論〈項羽本紀〉的悲劇精神〉第四節「項羽的基本性格與繼承的悲劇情境」，對此問題有詳細的分析，可供參看。

（詳第五節），加以秦不立諸侯，缺乏藩屏；二世又倒行逆施，聽趙高之言，誅大臣及諸公子，宗室微弱。〔註5〕所以只要把少數當權者解決，秦國即缺乏領導民眾的有力人物。配合一些爭取秦民歡心的措施，即不難在關中立足。

（三）入關之舉是否為劉邦所主動爭取？若是，則決策之前必然經過一番詳細的考慮，對當時天下大勢及未來可能的發展，提出通盤的分析，因而決定以關中作為爭奪天下的根據地。可惜史無明文記載，所以在第一、第二條代作簡單的說明。若非主動爭取，則劉邦是在接受任命之後，始決定長久據有關中。無論是否出於主動，如果要把關中作為爭奪天下的根據地，勢必要有一套治理關中的方案，「秦本位政策」的雛形，可能已在此時形成。至於此一政策的制定者，主要人物當是蕭何。

（四）劉邦的本性是否能夠稱之為「寬大長者」，可以是個見仁見智的問題。但就作為政治人物來說，劉邦為了大局，能夠以理性駕馭感情，做出寬容的舉動，〔註6〕應是他可以被稱為「寬大長者」的主要條件。這也是他以楚人的身分，能夠接納秦的各種事物的心理基礎。同時劉邦集團「其君既起自布衣，其臣亦自多亡命無賴之徒。」〔註7〕這些平民不像懷王、項氏及其他六國之後，與秦人沒有幾代的恩怨，也較缺乏家世、文化上的包袱，比較容易和秦人相處，接受秦人在許多方面的成果。

（五）懷王諸老將要找一個「寬大長者」來告諭秦父兄，在政策上的意義，就是主張對秦民採取寬大的態度，以求有利於平定秦地。這項政策被懷王所採納，因而稍後對劉邦、項羽等人正式作成政策性的提示。〔註8〕懷王諸老將的政治眼光看得相當遠，比起項羽入關後大事燒屠，為項氏及楚復仇高明得多，值得後人推崇。〔註9〕

（六）這項決策等於把關中分給劉邦，只不過要他憑自己的力量拿下這

〔註5〕參看《史記》，卷6〈秦始皇本紀〉、卷16〈秦楚之際月表〉。
〔註6〕例如劉邦雖然最為怨恨雍齒曾經屢次窘辱他，但為了安定群臣，聽從張良的建議，封雍齒為什方侯。群臣皆喜，認為「雍齒且侯，我屬無患矣。」詳見《史記》，卷55〈留侯世家〉，頁2043，修訂本頁2467～2468。
〔註7〕趙翼著，《廿二史箚記‧漢初布衣將相之局》（臺北：鼎文書局，1975年3月），頁35。
〔註8〕《史記》，卷8〈高祖本紀〉劉邦責備項羽說：「懷王約入秦無暴掠，……罪四。」頁376，修訂本頁471。
〔註9〕項羽的失策，說詳本書附錄：〈項羽對秦政策之檢討〉。

塊地方而已。

三、初入關各項措施的分析

劉邦、蕭何有意久據秦地，可從入關的種種措施看出來。〈高祖本紀〉云：

> 漢元年（前 206 年）十月，沛公兵遂先諸侯至霸上。秦王子嬰，……
> 降軹道旁。諸將或言誅秦王。沛公曰：「始懷王遣我，固以能寬容；
> 且人已服降，又殺之，不祥。」乃以秦王屬吏。……還軍霸上。召
> 諸縣父老豪桀曰：「父老苦秦苛法久矣，誹謗者族，偶語者弃市。吾
> 與諸侯約，先入關者王之，吾當王關中。與父老約，法三章耳：殺
> 人者死，傷人及盜抵罪。餘悉除去秦法。諸吏人皆案堵如故。凡吾
> 所以來，為父老除害，非有所侵暴，無恐！且吾所以還軍霸上，待
> 諸侯至而定約束耳。」乃使人與秦吏行縣鄉邑，告諭之。秦人大喜，
> 爭持牛羊酒食獻饗軍士。沛公又讓不受，曰：「倉粟多，非乏，不欲
> 費人。」人又益喜，唯恐沛公不為秦王。
>
> 或說沛公曰：「秦富十倍天下，地形彊。今聞章邯降項羽，項羽乃
> 號為雍王，王關中。今則來，沛公恐不得有此。可急使兵守函谷
> 關，無內諸侯軍，稍徵關中兵以自益，距之。」沛公然其計，從
> 之。〔註10〕

按：這段記載極為重要，茲分幾點加以分析：（一）劉邦對諸縣父老豪傑所說的一番話，乃是經過精心策畫的政治號召。一般只注意到約法三章，除秦苛法的措施足以爭取民心。實際上「諸吏人皆案堵如故」尤為值得注意，此句《漢書》作「吏民皆按堵如故」，顏師古解釋「按堵」為「不遷動也」，對「諸吏」不遷動，就是留用秦吏的意思。至於「諸民」，當指地方上的「父老豪桀」而言，不遷動他們，就是承諾保障他們的既得利益。一般民眾，還沒資格勞動新來的統治者去遷動他們。由此看來，所謂「諸縣父老豪桀」，成員當不外秦吏及地方上有影響力的人物。劉邦初入關，對秦吏多加留用，對地方豪傑多方拉攏，因此下一步「使人與秦吏行縣鄉邑告諭之」的措施才可能順理成章的達成。

（二）不殺秦降王子嬰，不接受秦人所獻的牛羊酒食，同樣是爭取秦人歡心的措施。不過秦人真正唯恐劉邦不為秦王，應在後來項羽阬秦降卒二十

〔註10〕《史記》，卷8〈高祖本紀〉，頁 362、364，修訂本頁 455、457。

餘萬人，以及燒屠咸陽之後，〔註11〕所以項羽的復仇措施，使他和秦人結下了深仇大恨，把秦人大力推向劉邦一方，替劉邦幫了一個大忙。於是自從還定三秦後，秦的故地遂成為劉邦堅強的根據地。〔註12〕

（三）劉邦進入關中後，先則向秦父老豪傑宣佈「吾當王關中」；再則聽從人言，派兵駐守函谷關，不讓諸侯軍入關，明白表示他具有佔據秦地稱王的決心。劉邦集團的決策，不能等閒看過，否則對他們入關後種種措施的來龍去脈，易有似是而非的解釋。〔註13〕

劉邦集團進入咸陽後，蕭何即刻收取秦丞相、御史府所藏律令圖書。〈蕭相國世家〉云：

> 沛公至咸陽，諸將皆爭走金帛財物之府分之，何獨先入收秦丞相、御史律令圖書藏之。沛公為漢王，以何為丞相。項王與諸侯屠燒咸陽而去。漢王所以具知天下阨塞，戶口多少，彊弱之處，民所疾苦者，以何具得秦圖書也。〔註14〕

此事應予補充說明兩點：（一）至遲戰國時已有上計制度。漢沿秦制，秦的上計制可由漢代推知。計簿的內容，司馬彪《續漢書·百官志》劉昭補注引胡廣曰：

> 秋冬歲盡，各計縣戶口、墾田、錢穀入出、盜賊多少，上其集簿。
> 〔註15〕

縣如此，郡國應當也相同。嚴耕望（1916～1996）《中國地方行政制度史上編卷上·秦漢地方行政制度》云：

> 宗室狀況、斷獄情形、兵戎戍卒、山林澤谷之饒、關梁貿易之利，以及地理變遷，無不入簿。然則蓋凡地方一切情形無不入計簿者。
> 〔註16〕

計簿分上丞相、御史兩府。楊樹藩說：「丞相注意施政之成果，御史注意是否

〔註11〕漢元年（前206年）十一月，項羽在新安城南阬殺秦降卒二十餘萬人。入關後，「引兵西屠咸陽，殺秦降王子嬰，燒秦宮室，火三月不滅，收其貨寶婦女而東。」見《史記》，卷7〈項羽本紀〉，頁310、315，修訂本頁393、398。
〔註12〕參看本書附錄：〈項羽對秦政策之檢討〉。
〔註13〕參看第六節末段對王夫之《讀通鑑論》的批評，及本書第貳篇：〈漢初沿用秦制原因舊說辨正〉。
〔註14〕《史記》，卷53〈蕭相國世家〉，頁2014，修訂本頁2432。
〔註15〕收入《後漢書》（北京：中華書局，1982年8月），頁3623。
〔註16〕嚴耕望著，《中國地方行政制度史上編卷上·秦漢地方行政制度》（臺北：中央研究院歷史語言研究所，1974年12月），頁260。

合法或真實。」〔註17〕蕭何為沛主吏掾，自然知道丞相、御史府中藏有記載各地詳情的計簿。尤其有關秦地的資料，對於原來不熟悉關中各地情形，而又有意佔據關中稱王的楚人來說，價值特別重大（記錄其他地方情形的資料，自然也有很大的價值，不過需要上比較不如關中資料來得迫切）。

（二）御史大夫負責「典正法度」，〔註18〕政府的典章制度由其負責維護。所以蕭何收取秦丞相、御史府所藏的律令圖書，就把有關秦制的資料完整的接收過來了。此時可能已有沿用秦法來統治秦民的計畫。

後來項羽入關，分封諸侯，立沛公為漢王，把關中封給章邯、司馬欣、董翳三個秦降將，來抗拒漢王。漢王怒，擬攻打項羽。蕭何勸諫他說：

> ……臣願大王王漢中，養其民以致賢人，收用巴、蜀，還定三秦，
> 天下可圖也。〔註19〕

由末二句看來，可知蕭何的目標是先占領秦地，作為爭奪天下的根據地。

根據上面的分析，可知劉邦、蕭何確實早就計畫把關中作為爭奪天下的根據地。爭取秦民，特別是地方上豪傑的歡心，留用秦吏，收取秦的檔案，乃至準備沿用秦制來治理秦民，是劉邦集團治理關中的一系列方案，這也就是「秦本位政策」初期的具體內容。

四、蕭何對關中的經營

楚漢相爭期間，蕭何留守關中，利用與項羽結下深仇大恨的秦民，動員關中的人力物力來支援劉邦。關內侯鄂千秋稱道蕭何的功績說：

> 夫上與楚相距五歲，常失軍亡眾，逃身遁者數矣。然蕭何常從關中
> 遣軍補其處，非上所詔令召，而數萬眾會上之乏絕者數矣。夫漢與
> 楚相守滎陽數年，軍無見糧，蕭何轉漕關中，給食不乏。陛下雖數
> 亡山東，蕭何常全關中以待陛下，此萬世之功也。〔註20〕

這件事的意義極為重大：（一）若無關中人力物力的不斷支援，劉邦能否屢挫屢起，大成疑問。（二）秦地的兵員為漢朝立下了許多汗馬功勞，楚漢相爭，宛然是一場東西對抗。這場對抗的形勢，竟使起自楚地的劉邦集團利用西方

〔註17〕楊樹藩著，《兩漢中央政治制度與法儒思想》（臺北：臺灣商務印書館，1969年11月），頁83、84。
〔註18〕《漢書》（北京：中華書局，2010年11月），卷83〈朱博傳〉，頁3405。
〔註19〕《漢書》，卷39〈蕭何傳〉，頁2006～2007。
〔註20〕《史記》，卷53〈蕭相國世家〉，頁2016，修訂本頁2434～2435。

秦地的人力物力，回過頭來和代表楚方的項羽集團決戰。（三）促成這一事業的執行人物即是蕭何（實際上主要策畫人也是他，詳後文）。

不僅在和項羽爭奪天下時，劉邦長年在前線作戰，即在消滅項羽，統一天下之後，韓王信、陳豨、黥布反叛，劉邦均親自帶兵討平。此時後方政務均由蕭何主持，〈蕭相國世家〉云：

> （漢元年，前 206 年），漢王引兵東定三秦，何以丞相留收巴、蜀，填撫諭告，使給軍食。漢二年，漢王與諸侯擊楚，何守關中，侍太子，治櫟陽，為法令約束，立宗廟社稷宮室縣邑，輒奏上，可，許以從事；即不及奏上，輒以便宜施行，上來以聞。關中事計戶口轉漕給軍，漢王數失軍遁去，何常興關中卒，輒補缺。上以此專屬任何關中事。〔註21〕

國家政務的推行，不能沒有典章制度，所以蕭何「為法令約束」的工作，應該從還定三秦後即陸續進行。《漢書‧高帝紀》說「天下既定，命蕭何次律令」云云，當指整個工作的完成及推廣於天下而言。從後來的事實看，完成後的漢朝制度和秦制大同小異；在沒有擬定漢朝制度時，為便於治理，很可能是全盤沿用秦制。關於「興漢中卒」，以及治理關中大事，茲據《漢書‧高帝紀》所載列舉如下：

（一）漢二年（前 205 年）十月，漢王如陝，鎮撫關外父老。

（二）十一月，故秦苑囿園池，令民得田之。

（三）二月癸未，令民除秦社稷，立漢社稷，施恩德，賜民爵。蜀漢民給軍事勞苦，復勿租稅二歲。關中卒從軍者，復家一歲。舉民年五十以上，有脩行，能帥眾為善，置以為三老，鄉一人。擇鄉三老一人為縣三老，與縣令丞尉以事相教，復勿繇戍。以十月賜酒肉。

（四）三月，漢王發使告諸侯曰：「寡人……悉發關中兵，收三河士，南浮江漢以下，願從諸侯王擊楚之殺義帝者。」

（五）五月，漢王屯滎陽，蕭何發關中老弱未傅者悉詣軍。

（六）六月，漢王還櫟陽。壬午，立太子，赦罪人。令諸侯子在關中者皆集櫟陽為衛。引水灌廢丘，廢丘降，章邯自殺。雍地定，八十餘縣，置河上、渭南、中地、隴西、上郡。興關中卒乘邊塞。關中大飢，米斛萬錢，人相食。令民就食蜀漢。

〔註21〕《史記》，卷 53〈蕭相國世家〉，頁 2014，修訂本頁 2333。

（七）四年（前 203 年）十一月，漢王西入關，至櫟陽，存問父老，置酒。留四日，復如軍，軍廣武。關中兵益出。〔註22〕

以上為劉邦及蕭何安撫秦民，動員關中兵力的記載，實際次數可能不只這些。關中大飢，除了收成之外，當與供應軍食有關。史上雖特書劉邦存問父老，實際上平日的治理更為重要，而平時政務的主持人為蕭何，所以蕭何對關中具有莫大的影響力。王衛尉對劉邦說：

> 陛下距楚數歲，陳豨、黥布反，陛下自將而往，當是時，相國守關
> 中，搖足則關以西非陛下有也。〔註23〕

當劉邦初起事，張良、陳平未來歸前，衡量劉邦集團的人物，有能力為他畫策的，無人可和蕭何相比。入關後，蕭何即刻收取秦朝的檔案。當項羽封劉邦為漢王，封章邯等三秦將王關中，劉邦怒，擬攻項羽時，蕭何則勸他王漢中，將來還定三秦，則天下可圖。〔註24〕後來蕭何坐鎮關中，充分發揮秦地優越的人力物力，支援劉邦消滅項羽。從這種種事情，推斷「秦本位政策」出於蕭何的策畫，應該是合理的。

五、定都關中的原因

劉邦消滅了項羽之後，婁敬及張良勸劉邦繼承秦國在地理上優越的形勢，定都關中，以秦與東方各國對立的形勢為立說的根據。〈劉敬列傳〉云：

> 漢五年（前 202 年），……婁敬（後賜性劉）說曰：「陛下都洛陽，
> 豈欲與周室比隆哉？」上曰：「然。」婁敬曰：「陛下取天下與周室
> 異。……今陛下起豐、沛，收卒三千人，以之徑往而卷蜀、漢，定
> 三秦，與項羽戰滎陽，爭成皋之口，大戰七十，小戰四十，使天下
> 之民肝腦塗地，父子暴骨中野，不可勝數，哭泣之聲未絕，傷痍者
> 未起，而欲比隆於成、康之時，臣竊以為不侔也。且夫秦地被山帶
> 河，四塞以為固，卒然有急，百萬之眾可具也。因秦之故，資甚美

〔註22〕第五條說「發關中老弱未傅者悉詣軍。」顯示關中兵員已有不足的情形；而此處卻說「關中兵益出。」顯然兵員充沛，這些兵員應當多來自原來項羽所立三秦王，即章邯、司馬欣、董翳的封地，其地入漢為隴西、北地、中地、渭南、河上、上郡，見《史記》，卷 16〈秦楚之際月表〉，頁 783、788，修訂本頁 939、944。

〔註23〕《史記》，卷 53〈蕭相國世家〉，頁 2018，修訂本頁 2437。

〔註24〕《漢書》，卷 39〈蕭何傳〉，頁 2006～2007。

膏腴之地，此所謂天府者也。陛下入關而都之，山東雖亂，秦之故地可全而有也。夫與人鬬，不搤其亢，拊其背，未能全其勝也。今陛下入關而都，案秦之故地，此亦搤天下之亢而拊其背也。」〔註25〕

劉邦徵求羣臣的意見，由於左右大臣皆東方人，所以多勸劉邦定都洛陽，惟張良贊同定都關中。〈留侯世家〉云：

劉敬說高帝曰：「都關中。」上疑之（按：〈劉敬列傳〉云：「高帝問羣臣。」則所謂「疑之」，即「疑而問羣臣」之意）。左右大臣皆山東人，多勸上都雒陽：「雒陽東有成皋，西有殽、黽，倍河，向伊、雒，其固亦足恃。」留侯曰：「雒陽雖有此固，其中小，不過數百里，田地薄，四面受敵，此非用武之國也。夫關中左殽、函，右隴、蜀，沃野千里，南有巴、蜀之饒，北有胡苑之利，阻三面而守，獨以一面東制諸侯。諸侯安定，河、渭漕輓天下，西給京師；諸侯有變，順流而下，足以委輸。此所謂金城千里，天府之國也，劉敬說是也。」於是高帝即日駕，西都關中。〔註26〕

按：婁敬、張良從形勢及資源等方面說定都關中的好處，固然不錯，惟所謂「因秦之故。」「山東雖亂，秦之故地可全而有也。」「阻三面而守，獨以一面東制諸侯。」顯然是以秦與東方各國對立的形勢為根據立說。所以勸劉邦定都關中，實際上等於勸劉邦在地理上繼承秦的形勝，東向以制諸侯。又婁敬和張良的話並非憑空而起，事實上自漢元年劉邦還定三秦後，就是以關中為其根據地。漢二年彭城之敗後，劉邦即有捐關以東之地予人，以取得助力之議。〈留侯世家〉云：

至彭城，漢敗而還。至下邑，漢王下馬踞鞍而問曰：「吾欲捐關以東等弃之，誰可與共功者？」良進曰：「九江王黥布，楚梟將，與項王有郄；彭越與齊王田榮反梁地，此兩人可急使。而漢王之將獨韓信可屬大事，當一面。即欲捐之，捐之此三人，則楚可破也。」漢王乃遣隨何說九江王布，而使人連彭越。及魏王豹反，使韓信將兵擊之，因舉燕、代、齊、趙。然卒破楚者，此三人力也。〔註27〕

關指函谷關，戰國以來，以函谷關和華山（其後改為崤山）為界，區分東、

〔註25〕《史記》，卷99〈劉敬列傳〉，頁2715～2716，修訂本頁3271～3272。
〔註26〕《史記》，卷55〈留侯世家〉，頁2043～2044，修訂本頁2468～2469。
〔註27〕《史記》，卷55〈留侯世家〉，頁2039，修訂本頁2464。

西，自山或關以東為六國，以西為秦國，〔註28〕所以捐關以東之地予人，即自有秦地之意。消滅項羽，分封諸侯以後，漢朝直轄地仍以秦的故地為主。〈漢興以來諸侯王年表序〉云：

> 高祖末年，……子弟同姓為王者九國，唯獨長沙異姓，……自鴈門、太原以東至遼陽，為燕、代國；常山以南，大行左轉，度河、濟、阿、甄以東薄海，為齊、趙國；自陳以西，南至九疑，東帶江、淮、穀、泗，薄會稽，為梁、楚、淮南、長沙國：皆外接於胡、越。而內地北距山以東盡諸侯地，大者或五六郡，連城數十，置百官宮觀，僭於天子。漢獨有三河、東郡、潁川、南陽，自江陵以西至蜀，北自雲中至隴西，與內史凡十五郡，而公主列侯頗食邑其中。〔註29〕

王國維（1877～1927）〈漢郡考〉云：

> 此十五郡者，河東一、河內二、河南三，所謂三河也。東郡四、潁川五、南陽六。自江陵以西至蜀，則南郡七、巴郡八、蜀郡九。北自雲中至隴西，則雲中十、上郡十一、北地十二、隴西十三。而自山以西，尚有上黨。巴蜀之北，尚有漢中。共十五郡，加內史為十六，此高帝五年初定天下時之郡數也。六年以雲中屬代，則并內史得十五郡。至十一年，復置雲中，而罷東郡以益梁，罷潁川郡以益淮揚，則并內史為十四郡。……由是言之，則高帝末年之郡，除王國支郡外，并內史唯得十四而已。……今考漢初諸國之地，則大者

〔註28〕 參看傅樂成，〈漢代的山東與山西〉，收入氏著《漢唐史論集》（臺北，聯經事業出版有限公司，1977年9月），頁65～67。邢義田說：

> 秦孝公時代山東一詞原可能指華山以東，等到秦據崤、函，與六國形成對峙，山東、關東乃指崤山和函谷關以東的東方六國。

關東、關西、山東、山西這些地域名詞的形成，及其意義和用法的演變，說詳邢義田，〈試釋漢代的關東、關西與山東、山西〉，刊於《食貨月刊》第13卷第1、2期，1983年5月，頁15～30；〈補遺〉，《食貨月刊》第13卷第3、4期，1983年7月，頁144～146。這種東方和西方的分畫，勞榦更向前推溯至周朝初年的周、召分陝：

> 這種政治分畫，其基礎應當是陝（原注：即崤、函地區）以東是周室新開闢的勢力範圍，而陝以西是周室舊有的勢力範圍。……也就是關西是以周的本土為主，關東是以商的本土為主。

詳見勞氏所著，〈關於「關東」及「關西」的討論〉，刊於《食貨月刊》第13卷第3、4期，1983年7月，頁142～143。
〔註29〕 《史記》，卷17〈漢興以來諸侯王年表序〉，頁801～802，修訂本頁961～962。

七八郡，小者二三郡，……高帝時諸侯之郡凡三十有九。〔註30〕

嚴耕望《秦漢地方行政制度》云：

> 就當時封域而言，吾人可自今大同，中貫太原、洛陽，渡漢水，迤
> 西至武陵之地，作一弧線。漢廷領有弧西之地，約當今陝西全省，
> 甘肅東南一隅，四川大部，湖北西部及山西河南之西部而已。弧東
> 皆以分封諸王；惟山東中部與東部，仍為漢郡未封王。〔註31〕（按：
> 此為高帝五年事，六年至末年，封同姓以代異姓，封地無大變革，
> 惟將齊地由漢朝直接控制改封長庶子肥而已。）

由上可知，在劉邦有生之年，「山以東盡諸侯地」的大形勢始終未變，甚至直
到景帝初年仍然不變。所以漢廷置關以備東方，出入仍需用「傳」（猶今之「出
入境證」、「護照」）。雖於文帝十二年除關，無用「傳」。至景帝四年，復置諸
關，用「傳」出入。

　　根據上面的敘述，可知劉邦初入關中，即已有佔領關中稱王的打算，所
以多方籠絡秦民。還定三秦後，即以關中（廣義的指秦的故地）為其根據地，
東向爭奪天下之權。這種東西對抗的形勢，直到文、景仍然不變。換句話說，
漢朝中央政府的根據地仍在關中，採用「秦本位政策」的客觀形勢依舊未變。

六、移民入關

　　劉邦集團以少數東方人入據關中，而東、西之間又處在對抗的狀態中，
這實在是一種微妙的形勢。為劉邦集團計，設法平衡原住民在人口上的優勢，
是現實上的迫切需要。所以消滅項羽後，即陸續採取移民入關的措施。茲將
《史記‧高祖本紀》、《漢書‧高帝紀》有關移民入關的記載條列如下：

　　（一）漢五年（前202年）夏五月，兵皆罷歸家。詔諸侯子在關中者，
復之十二歲，其歸者半之。〔註32〕

　　（二）後九月，徙諸侯子關中。〔註33〕

　　（三）九年（前198年）十一月，徙齊、楚大族昭氏、屈氏、景氏、懷

〔註30〕《觀堂集林》，卷12，頁17下、18上、20上、20下。收入《王國維遺書》
　　　　第2冊（上海：上海古籍出版社，未著出版年月）。
〔註31〕《中國地方行政制度史上編卷上‧秦漢地方行政制度》，頁13～14。
〔註32〕《史記》，卷8〈高祖本紀〉，頁380，修訂本頁475。《漢書》，卷1下〈高帝
　　　　紀〉，頁54。
〔註33〕《漢書》，卷1下〈高帝紀〉，頁58。

氏、田氏五姓關中，與利田宅。〔註 34〕

　　（四）十一年（前 196 年）夏四月，令豐人徙關中者皆復終身。〔註 35〕

　　（五）六月，令士卒從入蜀、漢、關中者皆復終身。〔註 36〕

　　（六）十二年（前 195 年）三月，詔曰：「吏二千石，徙之長安，受小第室。入蜀、漢定三秦者，皆世世復。」〔註 37〕

　　據此可知劉邦所採移民入關的政策，採消極與積極的兩種手段。消極的是採取免除賦稅的優待，鼓勵東方人留住關中。然而人情莫不思念故鄉，第四條資料下，《漢書》顏師古注引應劭說：

> 太上皇思欲歸豐，高祖乃更築城寺市里如豐縣，號曰新豐，徙豐民
> 以充實之。〔註 38〕

太上皇如此，從入關的士卒何獨不然？所以由「復之十二歲」、「復終身」、到「世世復」，並不盡是為了酬庸功勳，同時兼具挽留跟從入關的士卒定居關中的作用，否則不必對留在關中與回歸東土者施以懸殊的差別待遇。

　　移民入關的積極手段是強制東方人移居關中。第二條記載所謂「諸侯子」，史書未明言成分，也可能就是第一條的「諸侯子」，即隨從入關的諸侯士卒。若是，則是否採取強制手段，還不能肯定。第四條所載遷豐人入關，是為了寬解太上皇懷念鄉土之情，雖係強制遷移，卻屬特例，不過偶然與移民入關的政策相合而已。

　　第三條記載是強制移民入關最著稱的例子，此項政策後來為漢廷所經常採行。〔註 39〕強制移徙東方豪族入關中，其議發自劉敬。漢七年（前 200 年），劉邦自平城歸，採劉敬之言，遣劉敬往匈奴結和親之約，劉敬返國後，即獻

〔註 34〕《史記》，卷 8〈高祖本紀〉，頁 386，修訂本頁 482。《漢書》，卷 1 下〈高帝紀〉，頁 66。

〔註 35〕《漢書》，卷 1 下〈高帝紀〉，頁 72。

〔註 36〕《漢書》，卷 1 下〈高帝紀〉，頁 73。

〔註 37〕《漢書》，卷 1 下〈高帝紀〉，頁 78。

〔註 38〕《漢書》，卷 1 下〈高帝紀〉，頁 72。

〔註 39〕見徐天麟著，《西漢會要》（臺北：世界書局，1963 年 4 月），卷 49，〈徙豪族〉條，頁 499～501。此項政策隨時間推移，作用不盡相同，《漢書‧地理志》云：

> 漢興，立都長安，徙齊諸田，楚昭、屈、景，及諸功臣家於長陵。後世世徙吏二千石，高訾富人，及豪桀并兼之家於諸陵。蓋亦以彊幹弱支，非獨為奉山園也（卷 28 下，頁 1642）。

故應分別看待。

移徙東方豪族之議。〈劉敬列傳〉載：

> 劉敬從匈奴來，因言：「匈奴河南白羊、樓煩王，去長安近者七百里，
> 輕騎一日一夜可以至秦中。秦中新破，少民，地肥饒，可益實。夫
> 諸侯初起時，非齊諸田，楚昭、屈、景莫能興。**今陛下雖都關中，**
> **實少人。**北近胡寇，東有六國之族，宗彊，一日有變，陛亦未得高
> 枕而臥也。臣願陛下徙齊諸田，楚昭、屈、景，燕、趙、韓、魏後，
> 及豪桀名家居關中。無事，可以備胡；諸侯有變，亦足率以東伐。
> 此彊本弱末之術也。」上曰：「善。」迺使劉敬徙所言關中十餘萬口。
> 〔註40〕

關中「少人」之說，與劉敬說高祖定都關中時說：「且夫秦地被山帶河，四塞
以為固，卒然有急，百萬之眾可具也」相牴觸，〔註41〕結合上一句「今陛下
雖都關中」來看，可知所謂「少人」，所少者即外來的東方人口，可以動員百
萬之眾的關中原住民豈能說少人？據此，可知劉敬的建議兼具三種作用：（一）
備胡。（二）增加關中的東方人口，平衡原住民的勢力。（三）吸取東方的人力
物力，鞏固中央，削弱地方。誠可謂「一石三鳥」之策！參照第一條記載，即
知劉敬之策實以第二種作用為主要著眼點，同時可以達成第三種作用。至於
備胡，不過附帶功能而已。但第二種作用實不便明言，所以只巧妙的在這一
段話中安插兩句：「今陛下雖都關中，實少人。」天縱聰明如劉邦，當即領悟，
採納劉敬之策。〔註42〕

　　對於劉邦集團得天下所採取的一系列政策，後人若是未曾仔細探究，即
不易看出劉敬的用心，以及劉邦君臣間的莫逆會心之處。以為強幹弱支及
備胡是移徙六國豪族的充分理由，遂就此事的是非利弊加以評論。王夫之
（1619～1692）的議論即為典型之例：

> 婁敬之小智足以動人主，而其禍天下也烈矣！遷六國後及豪傑名家
> 居關中，以為強本而弱末，似也。……富豪大族之所以強者，因其
> 地也。諸田非勃海魚、鹽之利，不足以強；屈、昭、景非雲夢澤藪
> 之資，不足以強；世家非姻亞之盛、朋友之合、小民之相比而相屬，

〔註40〕《史記》，卷99〈劉敬列傳〉，頁2719～2720，修訂本頁3275～3276。
〔註41〕《史記》，卷99〈劉敬列傳〉，頁2716，修訂本頁3272。
〔註42〕《史記》，卷55〈留侯世家〉載：
　　　　（張）良數以《太公兵法》說沛公，沛公善之，常用其策。良為他
　　　　人言，皆不省。良曰：「沛公殆天授！」（頁2036，修訂本頁2461）。

不足以強。棄其田里，違其宗黨，奪其所便，拂其所習，羈旅寓食
於關中土著之間，不十年而生事已落，氣餒沮喪。曹子桓云：「客子
常畏人。」諒矣哉！畏人者尚能自強以為國強邪？固不如休息餘民
而生聚之也。故貧民尚可徙也，舍其瘠土而移其窳俗，可使強也。
豪傑大族，摧折凋殘而日以衰。聚失業怨咨之民於輦轂之下，弱則
靡而悍則懟，豈有幸乎？而當時之為虐甚矣。〔註43〕

按：當東西對抗之際，東方豪族依附本土，得以富強，豈是關中的中央政府
所樂見？況且移徙豪族入關，給予「利田宅」，雖不如原住地富足，亦不容在
十年之內「生事已落，氣餒沮喪。」《漢書‧地理志》敘秦地風俗云：

是故五方雜厝，風俗不純。其世家則好禮文，富人則商賈為利，豪
桀則游俠通姦。瀕南山，近夏陽，多阻險輕薄，易為盜賊，常為天
下劇。又郡國輻湊，浮食者多，民去本就末，列侯貴人車服僭上，
眾庶放效，羞不相及，嫁娶尤崇侈靡，送死過度。〔註44〕

可見王氏的說法過甚其詞。當然移徙會削弱這些豪族的勢力，但卻符合漢廷
鞏固政權的本意。對於備胡，人口的充實，也自有相當的作用。至於移徙豪
族的是非利弊，可以是個見仁見智的問題，王氏儘可持反對的意見，但在未
究明此事的來龍去脈之前，即先橫生議論，厚誣劉敬，既非持平之論，亦無
助於後人瞭解歷史的真相。《讀通鑑論》中尚多類似的例子，姑舉一例，以見
評論歷史事件之前，必先究明真相的重要性。

七、結論

　　根據上文的討論，可知形成「秦本位政策」的客觀因素，起先是劉邦集
團以少數東方人入據關中，經營關中作為東向爭奪天下的根據地，宛然是秦
與六國對抗之局的翻版。消滅項羽後，依舊是西方的中央政府與東方的諸侯
抗衡的局面。在這種形勢下，劉邦集團放棄楚地本位，改採秦本位政策，以
便對內安定秦民，造成一共同體的感受，藉以充分發揮秦地固有優越的人力
物力，外制東方強敵。天下既定，為彌補本身人口居少數的缺點，同時對東
方繼續採取剋制的措施，乃採取留住東方人口及強制東方豪族移居關中的行
動。至於此一政策的主要策畫及執行人物，非蕭何莫屬，婁敬和張良對此一

〔註43〕《讀通鑑論》（臺北：里仁書局，1982 年 3 月），頁 22～23。
〔註44〕《漢書》，卷 28 下〈地理志〉，頁 1642～1643。

政策的充實，也各自作出了貢獻。〔註45〕以下將「秦本位政策」的主要內容歸納為四點，以清眉目，並作為本文的結束。

（一）劉邦、蕭何早有佔領關中的打算，所以進入關中後多方爭取秦民的歡心。楚漢相爭時，劉邦集團動員秦的人力物力來對付項羽，是一場關西與關東的對抗。

（二）為了有效治理關中，所以留用秦吏，拉攏地方上的父老豪傑，並且收取秦的檔案，沿用秦制。

（三）消滅項羽後，東、西對抗的基本形勢不變，所以婁敬、張良勸劉邦定都關中。這種形勢，直到景帝初年仍然未變。

（四）為平衡秦民在人口上的優勢，所以鼓勵隨從入關的東方士卒留居關中，並從婁敬之議，強制遷移東方豪族入關，以便同時達成強幹弱枝的作用。

東漢徙都洛陽，帝國的政治重心東移，遂不再徙民於關中。其他有關此一政策的發展、影響，以及漢儒的批評等可資討論的地方尚多，因為已經超出本文的範圍，需另行撰文論述。

〔註45〕《漢書》，卷 1 下〈高帝紀〉云：「天下既定，（高祖）命蕭何次律令、韓信申軍法、張蒼定章程、叔孫通制禮儀，……」（頁 81）則純是「秦本位政策」的落實工作，與政策的制定性質不同。

貳、漢初沿用秦制原因舊說辨正

一、引言

通常史家稱高帝至文、景（前 206 至前 141 年）六十餘年的時間為漢初。本文雖沿用這一意義，但討論的重點置於高帝時期（前 206 至前 195 年），因為漢朝的制度決定於此時，以後從惠帝到文、景都沒有大的變動。

漢元年（前 206 年），劉邦攻入關中，秦王子嬰降，於是劉邦召集諸縣父老豪傑，宣佈：「與父老約，法三章耳：殺人者死，傷人及盜抵罪。餘悉除去秦法。」然而所謂「悉除去秦法」，只是暫時性的措施。梁玉繩（1745～1819）《史記志疑》云（括號文字為筆者所加）：

> 《漢書刑法志》曰：漢興，約法三章，網漏吞舟之魚，然其大辟，
> 尚有夷三族之令。又考惠帝四年（前 191 年），始除挾書律。呂后元
> 年（前 187 年），始除三族罪、妖言令。文帝元年（前 179 年），始
> 除收帑諸相坐律令（按：新垣平謀逆後，復行三族之誅。見《漢書》
> 卷 23〈刑法志〉）。二年（前 178 年），始除誹謗律。十三年（前 167
> 年），除肉刑。然則秦法未嘗悉除，三章徒為虛語，《續古今考》所
> 謂一時姑為大言以慰民也。蓋三章不足禁姦，蕭何為相，采摭秦法，
> 作律九章，疑此等皆在九章之內。〔註1〕

其他方面，也莫不如此。《史記》、《漢書》凡講到漢代各種重要制度之處，諸

〔註 1〕《史記志疑》（廣雅書局《史學叢書》本），卷 6，頁 223。收入楊家駱主編《四
　　　　史辨疑》（臺北：鼎文書局，1977 年 12 月）。

如官制、五德之運、曆法、服色、朝儀、天子及外戚內職稱號、樂制、兵制、更役、法律、財計、章程、郡縣等，必首標沿襲秦制。所以單就制度方面來說，漢朝建國，不啻是秦帝國的變相復活。

　　漢初繼承秦制的決策，不僅決定了漢朝政權的基本性格，對於後來學術思想的發展，也產生了重大的影響，所以是研究漢代學術思想時所不能忽略的背景。以下本文即分條評述學者討論漢沿秦制原因的說法，並逐漸引出個人的論點。

二、庶事草創，未遑更定說

　　《史記》、《漢書》對於漢初沿用秦制的原因，共同的看法可以歸納為：漢興庶事草創，未遑改定秦制，所以因循而不革。《史記・曆書》云：

> 漢興，……是時天下初定，方綱紀大基，高后女主，皆未遑，故襲秦正朔服色。〔註2〕

《漢書・律曆志》云：

> 漢興，方綱紀大基，庶事草創，襲秦正朔。〔註3〕

《漢書・郊祀志贊》云：

> 漢興之初，庶事草創，唯一叔孫生略定朝廷之儀。若乃正朔、服色、郊望之事，數世猶未章焉。〔註4〕

《漢書・百官公卿表》云：

> 秦兼天下，建皇帝之號，立百官之職，漢因循而不革，明簡易隨時宜也。〔註5〕

未遑之說，為錢穆（1895～1990）《秦漢史》所沿用。〔註6〕草創之說，為《續漢書・百官志》所沿用（見下段）。因循不革之說，為《通典・職官一》、《文獻通考・職官一》等所沿用。按：「庶事草創，襲秦正朔。」就是因為「未遑」改制；「故襲秦正朔服色」，也就是對秦制「因循而不改」，所以這幾則資料可

〔註2〕《史記》，卷26〈曆書〉，頁1260，修訂本頁1499。
〔註3〕《漢書》，卷21上〈律曆志〉，頁974。
〔註4〕《漢書》，卷25下〈郊祀志〉，頁1270。
〔註5〕《漢書》，卷19上〈百官公卿表〉，頁722。
〔註6〕錢穆著，《秦漢史》（香港：著者再版本，1966年4月）云：「朝廷政制，則多沿秦舊，未遑興革。」（頁43）「文字法令章程，卻草草不遑修飾也。」（頁44）

以視為一組。

　　所謂「未遑」、「草創」、「簡易」云云，仔細的看，有兩層意義可說。（一）是說漢初沿用秦制，乃是迫不得已的事，是消極的沿用，而非積極的選擇。《續漢書‧百官志》說：「漢之初興，承繼大亂，兵不及戢，法度草創，略依秦制。」把這層意思說得相當明白。（二）這幾句同時是帶有價值判斷的話，由此可以看出史官對秦制帶著批判性的態度，所以不把漢沿秦制視為正確的措施，而貶之為「未遑」改作之時，「草創」「簡易」之制。

　　通過對這二層意義的瞭解之後，自然不能輕易的就採信這一組說法，而須先判定漢沿秦制是否出於迫不得已的，消極的沿用。至於秦制的價值如何，那更是見仁見智的問題。

三、無為政策說

　　上節所引《漢書‧百官公卿表》的一段話，「因循」一詞，應是普通用語。若作特殊的名詞來看，則是道家之術的運用。司馬談〈論六家要指〉說道家「其術以虛無為本，以因循為用。」〔註7〕錢穆《國史大綱》把漢沿秦制歸因於道家的無為因循，可能是由這段話啟示而來。錢氏云：

> 漢初政府純粹代表一種農民素樸的精神，無為主義即為農民社會
> 政治思想之反映。因此恭儉無為與民休息，遂為漢初政府之兩大
> 信念。……無為之實則為因循，因此漢初制度法律一切全依秦舊。
> 〔註8〕

李源澄（1909～1958）《秦漢史》把漢制大體皆襲秦舊看作無為政策的結果。李氏云：

> 蓋漢興大臣皆出軍吏，懲於秦之擾民而亡，一切矯之以無為，漢家
> 制度，大體皆襲秦舊。〔註9〕

錢、李二氏對漢初何以採取無為政策的看法雖不相同，但卻同樣把沿用秦制當作無為政策的結果。後來戴師君仁（1901～1978）沿用錢氏說法，並有所發揮，茲摘錄其要點如下：

> 漢初政治，既主張無為，自然也主張因循。所以一切禮樂制度，多

〔註7〕《史記》，卷130〈太史公自序〉，頁3292，修訂本頁3969。
〔註8〕錢穆著，《國史大綱》（修訂本）（香港：商務印書館，1989年5月），頁94。
〔註9〕李源澄著，《秦漢史》（臺北：臺灣商務印書館，1970年7月），頁47。

沿襲秦人之舊。〔註10〕

依照這些說法，漢初因為採用無為政策，所以必然導致因循秦制。按：漢初沿用秦制，是否由於無為因循所致？個人以為可以從下列三方面來考察。

（一）劉邦早期曾採用六國的官制。如《史記·淮陰侯列傳》云：

漢王之入蜀，信亡楚歸漢，未得知名，為連敖。〔註11〕

關於連敖，《索隱》引李奇曰：

楚官名。〔註12〕

周壽昌（1814～1884）《漢書注校補》云：

時功臣內以連敖起家者，尚有柳邱侯戎賜，隆慮侯周竈，河陵侯郭亭，朝陽侯華寄。若煮棗侯革朱，則以越連敖入漢，知當時不獨漢有此官也。〔註13〕

又如《漢書·曹參傳》，曹參以軍功賜爵執帛，遷為執珪。執帛下注引鄭氏曰：

楚爵也。〔註14〕

又執珪下注引如淳曰：

《呂氏春秋》：「得五員者位執珪。」古爵名也。〔註15〕

按：《呂氏春秋·異寶篇》，江上丈人謂五員曰：

荊國之法，得五員者，爵執圭，祿萬檐，金千鎰。〔註16〕

《戰國策·東周策》趙累說周君謂楚景翠曰：

公爵為執圭，官為柱國，戰而勝，則無加焉矣；不勝，則死。〔註17〕

據此，則執珪亦為楚爵。此外，夏侯嬰也曾因軍功賜爵執帛，賜爵執珪，後轉為滕公，〔註18〕《漢書》作滕令。楚人稱縣令為公，稱滕公是從楚制。

又如樊噲因軍功賜爵國大夫，賜爵上閒（或作「上聞」）。《韓非子·內儲

〔註10〕〈漢初的政治和先秦學術思想的關係〉，收入戴師君仁著，《梅園論學集》（臺北：臺灣開明書店，1970年9月），頁250。

〔註11〕《史記》，卷92〈淮陰侯列傳〉，頁2610，修訂本頁3149。

〔註12〕《史記》，卷92〈淮陰侯列傳〉，頁2610，修訂本頁3149。

〔註13〕周壽昌著，《漢書注校補》（臺北：鼎文書局，1977年8月），卷30，頁515。

〔註14〕《漢書》，卷39〈曹參傳〉，頁2013。

〔註15〕《漢書》，卷39〈曹參傳〉，頁2014。

〔註16〕陳奇猷著，《呂氏春秋校釋》（上海：學林出版社，1990年12月），卷10，頁551。

〔註17〕諸祖耿著，《戰國策集注匯考》（增補本）（南京：鳳凰出版社，2008年12月），頁12。

〔註18〕《史記》，卷95〈樊酈滕灌列傳〉，頁2664，修訂本頁3212。

說上‧七術》云：

> 吳起為魏武侯西河之守，秦有小亭臨境，吳起欲攻之。……乃下
> 令曰：「明日且攻亭，有能先登者，仕之國大夫，賜之上田宅。」
> 〔註19〕

據此，則國大夫為魏爵。《呂氏春秋‧下賢篇》云：

> 天子賞（魏）文侯以上卿。〔註20〕

徐天麟《西漢會要》引作「上聞」，以為古爵。他如曹參、夏侯嬰、樊噲曾受五大夫爵，魏、趙、楚、秦諸國並有此爵。〔註21〕夏侯嬰曾受七大夫及「封」爵，樊噲曾受列大夫及「卿」爵。這些可能是楚制，也可能是各國遺制，而非秦制。

　　劉邦後來把官制改為絕大部分沿用秦制，這一番改動，有所揚棄，有所肯定，是大有作為，而非無為因循。

　　（二）劉邦攻入關中時，與秦民約法三章，宣佈廢除秦的苛法，贏得秦民大悅。〔註22〕這固然是一個經過精心設計的政治號召，同時也反映了民眾反秦苛法的心理。這個號召既非貿貿然提出，後來改弦更張，沿用秦法，這一番提出和改變，同樣是大有作為，不能用無為因循來解釋。

　　（三）劉邦進入咸陽後，蕭何即刻收取秦丞相、御史府所藏律令圖書，成為後來沿用秦制的主要資料。〈蕭相國世家〉云：

> 沛公至咸陽，諸將皆爭走金帛財物之府分之，何獨先入收秦丞相、
> 御史律令圖書藏之。沛公為漢王，以何為丞相。項王與諸侯屠燒咸
> 陽而去。漢王所以具知天下阨塞，戶口多少，彊弱之處，民所疾苦
> 者，以何具得秦圖書也。〔註23〕

蕭何這種主動，迅速的行動，顯然由於主觀上認定秦丞相、御史府所藏圖書檔案必有價值。後來的沿用秦制，則是進一步的肯定了這種認定。凡此，均

〔註19〕陳奇猷著，《韓非子集釋》（臺北：河洛圖書出版社，1974年3月），卷9，頁
　　　551。
〔註20〕《呂氏春秋校釋》，卷15，頁880、892。「上卿」或作「上聞」。陳奇猷云：
　　　「『上卿』『上聞』，未知孰是，待考。」
〔註21〕曾資生著，陶希聖校訂，《中國政治制度史》第一冊，（臺北：啟業書局，1973
　　　年10月），頁170。
〔註22〕《史記》，卷8〈高祖本紀〉。有關此一措施的分析，詳第壹篇第三節：〈初入
　　　關各項措施的分析〉。
〔註23〕《史記》，卷53〈蕭相國世家〉，頁2014，修訂本頁2432。

屬主動的，積極性的作為，而非無為因循。

　　根據以上三點，可知把漢初沿用秦制單純視為無為政策的結果是不夠周延的（無為政策頂多只能視為後來漢朝吝於改制的部分原因罷了）。

四、缺乏改訂制度的人才說

　　司馬遷注意到了擬訂制度時人是重要的決定因素，〈張丞相列傳〉云：

> 張丞相蒼者，陽武人也。好書律曆，秦時為御史，主柱下方書。有罪，亡歸。……以六年（前201年）中封為北平侯，食邑千二百戶。遷為計相，一月，更以列侯為主計四歲。〔註24〕是時蕭何為相國，而張蒼乃自秦時為柱下史，明習天下圖書計籍。蒼又善用算律曆，故令蒼以列侯居相府，領主郡國上計者。……蒼與絳侯等尊立代王為孝文皇帝。四年（前176年），丞相灌嬰卒，張蒼為丞相。自漢興至孝文二十餘年，會天下初定，將相公卿皆軍吏。張蒼為計相時，緒正律曆。以高祖十月始至霸上，因故秦時本以十月為歲首，弗革。推五德之運，以為漢當水德之時，尚黑如故。吹律調樂，入之音聲，及以比定律令。若百工，天下作程品。至於為丞相，卒就之。故漢家言律曆者，本之張蒼。蒼本好書，無所不觀，無所不通，而尤善律曆。〔註25〕

關於漢初將相公卿的出身，趙翼（1727～1814）《廿二史劄記》云：

> 漢初諸臣，惟張良出身最貴，韓相之子也。其次則張蒼，秦御史；叔孫通，秦待詔博士。次則蕭何，沛主吏掾；曹參，獄掾；任敖，獄吏；周苛，泗水卒史；傅寬，魏騎將；申屠嘉，材官。其餘陳平、王陵、陸賈、酈商、酈食其、夏侯嬰等皆白徒，樊噲則屠狗者，周勃則織薄曲吹簫給喪事者，灌嬰則販繒者，婁敬則輓車者。一時人才，皆出其中，致身將相，此前所未有也。……高祖以匹夫起事，角羣雄而定一尊，其君既起自布衣，其臣亦自多亡命無賴之徒，立功以取將相，此氣運為之也。〔註26〕

〔註24〕王先謙著，《漢書補注》（臺北：藝文印書館，1972年，影印光緒庚子〔1900〕長沙王氏校刊本）卷42，頁1下：「蒼為主計在八年。」

〔註25〕《史記》，卷96〈張丞相列傳〉，頁2675～2676、2680～2681，修訂本頁3225～3226、3231。

〔註26〕趙翼著，《廿二史劄記・漢初布衣將相之局》，頁34～35。

司馬遷在〈張丞相列傳〉中的話有兩點可資討論：(一)開國公卿將相的出身與擬訂漢朝制度的關係，錢穆《秦漢史》即從這方面解釋漢沿秦制的原因。錢氏云：

> 要之漢初政局，大體因襲秦舊，未能多所改革。此由漢廷君臣，多起草野，於貴族生活，初無染習，遂亦不識朝廷政治體制。又未經文學《詩》《書》之陶冶，設施無所主張。而遽握政權，急切間惟有一仍秦舊，粗定規模。〔註27〕

關於制定漢初制度的重要人物，《漢書‧高帝紀》云：

> 初，(高祖)順民心作三章之約，天下既定，命蕭何次律令，韓信申軍法，張蒼定章程，叔孫通制禮儀，陸賈造《新語》。……雖日不暇給，規摹弘遠矣！〔註28〕

《漢書‧藝文志》云：

> 漢興，張良、韓信序次兵法，凡百八十二家，刪取要用，定著三十五家。〔註29〕

張良或許只參加了整理兵法的工作，並未參與擬定兵制，所以上引〈高帝紀〉裏沒有提到他。

按：錢氏的話偏重在漢廷君臣的制作能力方面，比較忽略他們的學術和思想背景，同時也沒有考慮到是否有某種政策影響了他們。他們選擇沿用秦制，是非好壞是另一回事，不能說成是「設施無所主張」！並且就能力方面說，韓信精通兵法，初見劉邦，分析劉邦、項羽的長短之處以及今後策略，即後世著稱的〈漢中對〉，〔註30〕其重要性恰似後來諸葛亮的〈隆中對〉，所以韓信並非粗魯無文的單純武夫。張良的祖父及父親均曾擔任韓相，良嘗學禮淮陽，又從「圯上老人」受《太公兵法》。〔註31〕張蒼「好書，無所不觀，無所不通。」叔孫通「秦時以文學徵，待詔博士。」〔註32〕陸賈雖是「當世之辯士」，然而在劉邦面前時時說稱《詩》《書》，劉邦後來命他「著秦所以失天

〔註27〕《秦漢史》，頁46～47。
〔註28〕《漢書》，卷1下〈高帝紀〉，頁80～81。
〔註29〕《漢書》，卷30〈藝文志〉，頁1762～1763。
〔註30〕《史記》，卷92〈淮陰侯列傳〉，頁2611～2612，修訂本頁3150～3151。
〔註31〕《史記》，卷55〈留侯世家〉，頁2033～2035，修訂本頁2457～2459。「圯上老人」雖然是張良所虛擬的人物，但張良精通兵法則是事實。
〔註32〕《史記》，卷99〈劉敬叔孫通列傳〉，頁2720，修訂本頁3276。

下，吾所以得之者何，及古成敗之國。」「陸生迺粗述存亡之徵，凡著十二篇。每奏一篇，高帝未嘗不稱善，左右呼萬歲，號其書曰《新語》。」〔註33〕以上可知張良、張蒼、叔孫通、陸賈的學術水平是相當高的。至於蕭何，為沛主吏掾，必然明習律令，〔註34〕所以他具有改定法律的基本能力也是不成問題的。既然這些人都具備相當高的能力，而且必要時還可以徵求人才輔助，如叔孫通之徵魯諸生，所以漢沿秦制的現象，顯然並非單純因為擬定制度的人缺乏能力所致。

（二）表面上看來，由於張蒼原為秦柱下史，所以容易傾向他所熟悉的秦制。這項推論乍看似乎是順理成章，不過這事的成立必須基於一項前提：即劉邦、蕭何等人並不因為秦政的暴虐而連帶仇視秦的一切事物，甚至需要進一步肯定認同，張蒼才可能放手沿用秦制，否則他便只能改變自己的主張或引退。〔註35〕

五、蕭何影響說

劉邦入關後，諸將都爭著去尋找金帛財物，唯獨蕭何主動、迅速的收取秦丞相、御史府所藏的律令圖書（引文已詳第三節）。於是當秦帝國崩潰之際，秦制的檔案遂經由蕭何的接收完整的移交到漢朝。勞榦（1907～2003）《秦漢史》對這一行動的重要性，以及蕭何影響漢帝國性格的事實及其影響，有極為扼要的敘述，茲引錄如下：

> 在漢高帝功臣之中，蕭何並無任何汗馬功勞，但被列為元功之首，這是有道理的。當時的風氣，是紛紛建立六國之後，而對秦帝國的成就，仍能認識的，只有蕭何。他明習秦代的法令，通達秦代的制度；到咸陽以後，他立即收取秦的圖籍，這一點除去關於保存文化

〔註33〕《史記》，卷 97〈酈生陸賈列傳〉，頁 2699，修訂本頁 3252。

〔註34〕《史記》，卷 6〈秦始皇本紀〉，李斯議曰：「今天下已定，法令出一，百姓當家則力農工，士則學習法令辟禁。……若欲有學法令（王念孫曰：「欲有，當作有欲。法令下，當有者字」），以吏為師。」（頁 255，修訂本頁 321～322）參看邢義田〈秦漢的律令學──兼論曹魏律博士的出現〉，《中央研究院歷史語言研究所集刊》第 54 本第 4 分，1983 年 12 月，頁 51～101。

〔註35〕《史記》，卷 96〈張丞相列傳〉云：「蒼為丞相十餘年，魯人公孫臣上書，言漢土德時，其符有黃龍當見。詔下其議張蒼，張蒼以為非是，罷之。其後黃龍見成紀，於是文帝召公孫臣以為博士，草土德之曆制度，更元年。張丞相由此自絀，謝病稱老。」（頁 2681～2682，修訂本頁 3232）

的功勳不說（原注：例如司馬遷的重要參考資料，《秦紀》，便是蕭
何收取下來的），對於漢代建國的利用上，價值卻非常大。它包含了
軍用的地圖，包含了人口，賦稅，倉庫儲存數目字的統計，它包含
了秦國的全部政典，全部法典。這一批材料到手以後，對於經營全
國的政略，瞭如指掌，……再就漢代的建國狀況來說，劉邦起自楚
國，當他初入秦時，部下的官制還是楚式的，但當他做了漢王之後，
他就全改成為秦式的組織。顯然的，是從蕭何的設計，使劉邦有繼
承秦帝國的宏願。漢帝國是這樣的成功了，而官制，兵制，郡縣制
度，法律制度，都樹立了一個長遠的規模。尤其是以秦律為模範的
漢律，變成了晉律、唐律、宋律、明律，以至於清律，在世界上樹
立了一個最重要的中國法系。所以於秦帝國的法制，雖然因秦人執
行過嚴厲刻薄而失敗，但也有它時代上的意義。漢朝能夠客觀的認
識而採取，以致成功，在歷史的價值上，實在不當忽視。〔註36〕

按：秦的制度經由蕭何的手完整的移交到漢朝，這一段明文的記載，司馬遷
（《史記》）、班固（《漢書》）、司馬彪（《續漢書百官志》）、杜佑（《通典》）、馬
端臨（《文獻通考》）、錢穆（《國史大綱》、《秦漢史》）、李源澄（《秦漢史》），
當然不可能不知，他們之所以不表章蕭何，不是有意貶抑這種作法（詳第二
節），就是沒有看出蕭何作法的積極性（參看三、四節）。勞氏指出蕭何的作
法是有意識的，主動的肯定秦帝國的成就，因而加以表彰，立場較司馬遷、
班固等人客觀而公允，觀察也較其他學者明徹。不過勞氏此書究竟是通論性
質，並非專題討論，也許因此無暇進一步說明造成這件事實的其他主、客觀
因素，這就容易令人誤解個人意志可以為所欲為。實際上主觀個人的抉擇，
無非是針對客觀環境作出的因應措施而已。如不說明客觀環境的因素，反而
不能正確顯示主觀意志的抉擇，究竟具有多大的重要性。況且漢沿秦制只是
劉邦集團據有關中所採一系列方案中的一環而已，如不把這一系列的方案指
出，就不能看出漢沿秦制的必要性；也難於解釋漢朝對秦制的沿襲為什麼做
得很徹底？維持了長久的時間，為什麼仍是吝於改革？下文即試圖對以上數
點作補充的說明。

〔註36〕勞榦著，《秦漢史》（臺北：華岡出版有限公司，1975年11月），頁22～23。

六、結論：漢沿秦制是「秦本位政策」的一環

本書第壹篇指出，劉邦集團以少數東方人入據關中，經營關中作為東向爭奪天下的根據地，宛然是秦與六國對抗之局的翻版。劉邦等人如欲內安秦民，進一步使秦民與之產生休戚相關的共識，以便充分發揮秦地固有優越的人力物力，力克東方強敵，勢必需要制定一套足以籠絡秦民的政策，始克有濟。此一政策，即是放棄楚地本位，改採「秦本位政策」。消滅項羽後，依舊是關西的中央政府與關東的諸侯抗衡的局面，直到景帝七國之亂前，這種東西對立的局面始終不變。換句話說，形成「秦本位政策」的客觀形勢依舊未變。至於此一政策的具體內容，詳見第壹篇〈試論漢初「秦本位政策」的成立〉，第七節〈結論〉中有簡要的歸納。從中可知，沿用秦制只是此一政策的一環而已。以下就沿用秦制的部分，補充說明幾點：

（一）劉邦集團既然決定經營關中，且留用秦吏，而秦朝的檔案資料，又已完整取得，則全盤沿用秦朝的典章制度，無論對漢廷，對秦吏，以及對秦民而言，均有其先天上的便利。

（二）就民族感情來說，用楚制或各國遺制，容易激起秦人的反感，不如沿用秦制可以產生彼此一體的感受。

（三）沿用秦法，執行從寬，則以秦法的嚴厲，足以維持治安，防範不虞；備而不用，則仍沿約法三章的精神。所以漢朝雖是秦的變相復活，仍可給秦民以寬容的感受。〔註37〕

（四）起先是客觀形勢未變，不容漢廷驟然改變基本國策。後來形勢雖然起了變化，但漢廷沿用秦朝的典章制度既久，而依法家精神制定的秦制，對君主自有許多便利之處，自然也就吝於改革了。元帝作太子時，柔仁好儒，見宣帝所用多文法吏，以刑名繩下，建議宣帝用儒生，宣帝作色道：

漢家自有制度，本以霸王道雜之，奈何純任德教，用周政乎！且俗

〔註37〕《漢書》卷23〈刑法志〉云：
當孝惠、高后時，百姓新免毒蠚，人欲長幼養老。蕭、曹為相，填以無為，從民之欲，而不擾亂，是以衣食滋殖，刑罰用稀。及孝文即位，躬脩玄默，勸趣農桑，減省租賦。而將相皆舊功臣，少文多質，懲惡亡秦之政，論議務在寬厚，恥言人之過失。化行天下，告訐之俗易。吏安其官，民樂其業，畜積歲增，戶口寖息。風流篤厚，禁罔疏闊。選張釋之為廷尉，罪疑者予民，是以刑罰大省，至於斷獄四百，有刑錯之風（頁 1097）。

儒不達時宜，好是古非今，使人眩於名實，不知所守，何足委任！
〔註38〕

宣帝的話，正宜從上述角度去理解。再則一代典制既定，元帝即使想變更，豈是輕易可行的事！

根據以上的討論，可知漢沿秦制的主要策畫及執行人物雖是蕭何，然而在這項決策周圍，有許多主、客觀因素須要認識，方能瞭然於此一決策的原委。足以令後人惋惜的是，蕭何生當秦朝政權崩潰之際，又實際主持擬訂漢朝典章制度的工作，即使在實行「秦化」的大原則之下，他仍然有機會引進部分「王道」，但他卻輕輕的放過了。後來漢儒再來提議改革，實行起來自然困難重重。

總結本文及第壹章的討論，可以發現蕭何對漢代及後世的影響，實遠超出我們原先預料之外！

〔註38〕《漢書》，卷9〈元帝紀〉，頁277。

叁、漢初儒者的崇儒運動

一、漢初儒者的處境

　　本文所稱漢初，指高帝至文、景（前 206 至前 141 年）這六十餘年的時間。所謂漢初儒者的處境，指漢初沿襲秦制及黃老當道，使儒家的政治理想無從施展的政治環境而言。

　　漢沿秦制的原因，已詳本書第壹、貳篇。至於沿用秦制的具體內容，是個專門的問題，須就各種制度分別專文探討，非本文所能論述。以下單就刑法部分，略舉數例，說明漢法為何與儒家政治理想大相逕庭。

　　（一）夷三族，連坐法。《漢書‧刑法志》云：

> 秦用商鞅，連相坐之法，造參夷之誅；增加肉刑、大辟，有鑿顛、抽脅、鑊亨之刑。〔註1〕

又云：

> 漢興之初，雖有約法三章，網漏吞舟之魚，然其大辟，尚有夷三族之令。令曰：「當三族者，皆先黥，劓，斬左右止，笞殺之，梟其首，菹其骨肉於市。其誹謗詈詛者，又先斷舌。」故謂之具五刑。彭越、韓信之屬皆受此誅。至高后元年（前 187 年），乃除三族罪、袄言令。……其後，新垣平謀為逆，復行三族之誅。〔註2〕

文帝元年（前 179 年）十二月，盡除收帑相坐律令。《漢書‧文帝紀》注引應

〔註 1〕《漢書》，卷 23〈刑法志〉，頁 1096。
〔註 2〕《漢書》，卷 23〈刑法志〉，頁 1104～1105。

劭曰：

> 帑，子也。秦法一人有罪，并其室家，今除此律。〔註3〕

　　（二）挾書律。《史記・秦始皇本紀》載李斯議曰：

> 非博士官所職，天下敢有藏《詩》、《書》、百家語者，悉詣守、尉雜燒之。〔註4〕

始皇採納其議，這是挾書律的由來。惠帝四年（前191年）始廢除此律，《漢書・惠帝紀》注引張晏曰：

> 秦律敢有挾書者族。〔註5〕

　　（三）誹謗律、妖言令。劉邦初入關，召諸縣父老豪傑曰：

> 父老苦秦苛法久矣，誹謗者族，偶語者弃市。〔註6〕

賈誼〈治安策〉云：

> 忠諫者謂之誹謗，深計者謂之妖言。〔註7〕

路溫舒〈尚德緩刑疏〉云：

> 正言者謂之誹謗，過過者謂之妖言。〔註8〕

按：三夷、連坐之法罪及無辜，慘酷恐怖；挾書律窒息民間學術生機；誹謗律、妖言令壓制輿論，杜絕羣臣諍言，凡此均屬亟待廢除的苛法（刑罰的嚴酷不仁尚未計入，見第一、二則引文），然而蕭何定律，卻都原封不動的繼承了！試問如何能令漢儒默而不言？

　　以上還可以說只是法律條文上沿用的不當而已，更為漢儒所不滿的是，漢廷過分依賴法律作為治國的手段，相對忽略了德教的重要性，以致刑獄滋蕃。《漢書・刑法志》云：

> 孔子曰：「如有王者，必世而後仁；善人為國百年，可以勝殘去殺矣。」言聖王承衰撥亂而起，被民以德教，變而化之，必世然後仁道成焉；至於善人，不入於室，然猶百年勝殘去殺矣。此為國者之程式也。今漢道至盛，歷世二百餘載，考自昭、宣、元、成、哀、平六世之間，斷獄殊死，率歲千餘口而一人，耐罪上至右止，三倍

〔註3〕《漢書》，卷4〈文帝紀〉，頁111。
〔註4〕《史記》，卷6〈秦始皇本紀〉，頁255，修訂本頁321～322。
〔註5〕《漢書》，卷2〈惠帝紀〉，頁90。
〔註6〕《史記》，卷8〈高祖本紀〉，頁362，修訂本頁455。
〔註7〕《漢書》，卷48〈賈誼傳〉，頁2251。
〔註8〕《漢書》，卷51〈路溫舒傳〉，頁2369。

有餘。古人有言:「滿堂而飲酒,有一人鄉隅而悲泣,則一堂皆為之不樂。」王者之於天下,譬猶一堂之上也,故一人不得其平,為之悽愴於心。今郡國被刑而死者歲以萬數,天下獄二千餘所,其冤死者多少相覆,獄不減一人,此和氣所以未洽者也。

原獄刑所以蕃若此者,禮教不立,刑法不明,民多貧窮,豪桀務私,姦不輒得,獄犴不平之所致也。《書》云:「伯夷降典,惄民惟刑。」言制禮以止刑,猶隄之防溢水也。今隄防凌遲,禮制未立;死刑過制,生刑易犯;饑寒並至,窮斯濫溢;豪桀擅私,為之囊橐,姦有所隱,則狃而寖廣:此刑之所以蕃也。〔註9〕

由上可知,漢代的法律與儒家政治的理想,相距確實天遙地遠。〔註10〕至於其他制度的情形,則在下文介紹漢儒的批評時一併論及。

黃老思想流行於漢初的原因,可分三點說明:(一)就當時社會情勢來說,確實需要黃老的清靜無為。(二)可以救治漢沿秦制所可能產生的毛病。(三)黃老思想有利於君權的維護,所以能夠獲得漢初帝王的青睞。

關於第一點原因,經過秦始皇、二世長期動用民力從事各項耗費巨大的工程(如馳道、長城、阿房宮、始皇陵等)和楚漢相爭的連年戰亂之後,使得漢代初年戶口銳減,物質極度缺乏。《漢書·高惠高后文功臣表序》云:

漢興自秦二世元年(前209年)之秋,楚陳之歲,……八載(指漢五年,前202年)而天下乃平,始論功而定封。訖十二年(前195年),侯者百四十有三人。時大城名都民人散亡,戶口可得而數裁什二三,是以大侯不過萬家,小者五六百戶。〔註11〕

《漢書·食貨志上》云:

漢興,接秦之敝,諸侯並起,民失作業,而大饑饉。凡米石五千,人相食,死者過半。高祖乃令民得賣子,就食蜀、漢。天下既定,民亡蓋臧,自天子不能具醇駟,而將相或乘牛車。上於是約法省禁,輕田租,什五而稅一,量吏祿,度官用,以賦於民。〔註12〕

〔註9〕《漢書》,卷23〈刑法志〉,頁1108~1109。

〔註10〕漢代儒、法兩家在法律方面折衝的情形,參看拙著《兩漢尚書學及其對當時政治的影響》第八章〈兩漢尚書學對當時法律的影響〉(修訂本)(臺北:花木蘭文化事業有限公司,2019年3月)。

〔註11〕《漢書》,卷16〈高惠高后文功臣表序〉,頁527。

〔註12〕《漢書》,卷24上〈食貨志上〉,頁1127。

在這種情形下，社會動力大為疲乏，人民亟需的是休養生息。〔註13〕

關於第二點原因，老子思想的主要成分之一是清淨無為，老子明白的說：「清靜為天下正。」（四十五章）「我無為而民自化，我好靜而民自正，我無事而民自富，我無欲而民自樸。」（五十七章）這清靜無為的思想，不僅合乎漢初社會情勢的需要，同時正好可以救治法家煩苛擾民的毛病。因為漢朝既已在制度上沿襲秦制，如果在執行上也和始皇一樣「剛毅戾深，……刻削毋仁恩和義。」〔註14〕則漢之與秦就沒有什麼大的差異了。然而秦的滅亡是個活生生的例子，劉邦、蕭何等人不會毫無警惕，所以漢初在施政上採用清淨無為的原則，顯然是要在執行上補救秦法的缺失。《漢書・刑法志》云：

> 當孝惠、高后時，百姓新免毒蓋，人欲長幼養老。蕭、曹為相，填以無為，從民之欲，而不擾亂，是以衣食滋殖，刑罰用稀。及孝文即位，躬脩玄默，勸趣農桑，減省租賦。而將相皆舊功臣，少文多質，懲惡亡秦之政，論議務在寬厚，恥言人之過失。化行天下，告訏之俗易。吏安其官，民樂其業，畜積歲增，戶口寖息。風流篤厚，禁罔疏闊。選張釋之為廷尉，罪疑者予民，是以刑罰大省，至於斷獄四百，有刑錯之風。〔註15〕

所謂「懲惡亡秦之政，論議務在寬厚。」充分說明了這是有意從寬執行。這種作法，自非出於偶然，而是由於主動的抉擇。此番消息，還可從下述記載中看出。《史記・曹相國世家》云：

> 孝惠帝元年（前194年），除諸侯相國法，更以參為齊丞相。參之相齊，齊七十城。天下初定，悼惠王富於春秋，參盡召長老諸生，問所以安集百姓，如齊故俗諸儒以百數，〔註16〕言人人殊，參未知所定。聞膠西有蓋公，善治黃老言，使人厚幣請之。既見蓋公，蓋公為言治道貴清靜而民自定，推此類具言之。參於是避正堂，舍蓋公

〔註13〕參看秦穆著，《秦漢史》，頁41～42。

〔註14〕《史記》，卷6〈秦始皇本紀〉，頁238，修訂本頁302。

〔註15〕《漢書》，卷23〈刑法志〉，頁1097。

〔註16〕王念孫《史記雜志》：「如齊故俗諸儒以百數，本作如齊故諸儒以百數。齊故諸儒四字連讀，如與而同，言參問所以安集百姓，而齊之故儒以百數，言人人殊也。《漢書》作而其故諸儒以百數，是其明證矣。今本《史記》故下有俗字者，後人不知如與而同，而以如其故三字連讀，遂於故下加俗字，謂參之治齊，欲如其故俗，不事更張也。……」收入氏著《讀書雜志》（北京：中華書局，1991年10月），卷3之3，頁26。

焉。其治要用黃老術，故相齊九年，齊國安集，大稱賢相。惠帝二
年，蕭何卒。參聞之，告舍人趣治行，「吾將入相」。居無何，使者
果召參。……參代何為漢相國，舉事無所變更，一遵蕭何約束。擇
郡國吏木詘於文辭，重厚長者，即召除為丞相史。吏之言文刻深，
欲務聲名者，輒斥去之。……參為漢相國，出入三年。卒，……百
姓歌之曰：「蕭何為法，顜若畫一；曹參代之，守而勿失。載其清淨，
民以寧一。」〔註17〕

《漢書·酷吏傳》云：

趙禹，……用廉為令史，事太尉周亞夫。亞夫為丞相（按：亞夫於
景帝七年為丞相，中元三年免，當前150至前147年），禹為丞相
史，府中皆稱其廉平。然亞夫弗任，曰：「極知禹無害，然文深，不
可以居大府。」〔註18〕

據此可知，曹參採用黃老清淨無為的治術，是經過一番比較選擇的。他選擇
木訥厚重的長者為屬吏，顯然是為了沖淡漢法的嚴厲。周亞夫駐軍細柳之時，
軍紀嚴肅，令文帝歎為「此真將軍矣！」〔註19〕然而一旦當了丞相，就不喜
歡用苛察的人，不難推知當是為了避免走上亡秦之政的覆轍，用意和曹參是
一樣的。

關於第三點原因，余英時在〈反智論與中國政治傳統〉一文中，指出老
子的反智論中有很多是直接針對政治而發的，如「絕聖棄智，民利百倍。」
（十九章）「古之善為道者，非以明民，將以愚之。民之難治，以其智多。故
以智治國，國之賊；不以智治國，國之福。」（六十五章）「不尚賢，使民不
爭。」（三章）公開的主張實行愚民政策，反對尚賢。

1973年12月，長沙馬王堆漢墓出土兩種帛書《老子》寫本，甲本卷後，
乙本卷前都抄了一些黃老系的著作。《老子》乙本卷前的《十六經·成法篇》
（《十六經》或釋為《十大經》）主張統制思想：

黃帝問力黑：「唯余一人兼有天下，滑（猾）民將生，年（佞）辯用
知（智），不可法組（沮）。吾恐或用之以亂天下，請問天下有成法

〔註17〕《史記》，卷54〈曹相國世家〉，頁2028～2029、2031，修訂本頁2450～2451、
2452。

〔註18〕《漢書》，卷90〈酷吏傳〉，頁3651。

〔註19〕《漢書》，卷40〈周亞夫傳〉，頁2058。

可以正民者？」力黑曰：「然。……吾聞天下成法，故曰不多，一言
而止。循名復一，民无亂紀。」〔註20〕

《老子》甲本卷後的《九主》認為臣下的諫諍也要嚴加禁止：

> 得道之君，邦出乎一道，制命在主，下不別黨，邦无私門，諍（爭）
> 李（理）皆塞。
>
> 二道之邦，長諍（爭）之李（理），辨黨長爭，……夫爭道薨（萌）
> 起，大失天綸（倫），四則相侵，主輕臣重，邦多私門，……以命破
> 咸（滅）。〔註21〕

凡此反智愚民，統制思想，嚴禁諫諍，均與法家思想相同。按：司馬談〈論六
家要指〉明白的說漢代的道家已採取名、法思想的成分，可為余氏之說提供
佐證：

> 道家，……其為術也，因陰陽之大順，采儒、墨之善，撮名、法之
> 要，……道家無為，又曰無不為，其實易行，其辭難知。其術以虛
> 無為本，以因循為用。無成埶，無常形，故能究萬物之情。不為物
> 先，不為物後，故能為萬物主。有法無法，因時為業；有度無度，
> 因物與合。故曰：「聖人不朽，時變是守。虛者道之常也，因者君之
> 綱也。」羣臣並至，使各自明也。其實中其聲者謂之端，實不中其
> 聲者謂之竅。竅言不聽，姦乃不生，賢不肖自分，白黑乃形。在所
> 欲用耳，何事不成。〔註22〕

「羣臣並至」已下，說的即是循名責實，正是人君御下之術。

余氏又舉黃生（黃老）和轅固生（儒）的一場爭辯為例，說明在維護絕
對化的政治名分上，黃老和法家是相同的。《史記・儒林列傳》載：

> （轅固生）與黃生爭論景帝前。黃生曰：「湯、武非受命，乃弒也。」
> 轅固生曰：「不然。夫桀、紂虐亂，天下之心皆歸湯、武，湯、武與
> 天下之心而誅桀、紂，桀、紂之民不為之使而歸湯、武，湯、武不
> 得已而立，非受命為何？」黃生曰：「冠雖敝，必加於首；履雖新，
> 必關於足。何者，上下之分也。今桀、紂雖失道，然君上也；湯、

〔註20〕 裘錫圭主編，《長沙馬王堆漢墓簡帛集成》（肆）（北京：中華書局，2014年），
頁165。

〔註21〕 裘錫圭主編，《長沙馬王堆漢墓簡帛集成》（肆），頁98。

〔註22〕 《史記》，卷130〈太史公自序〉，頁3289、3292，修訂本頁3965～3966、3969。

> 武雖聖，臣下也。夫主有失行，臣下不能正言匡過以尊天子，反因
> 過而誅之，代立踐南面，非弒而何也？」轅固生曰：「必若所云，是
> 高帝代秦即天子之位，非邪？」於是景帝曰：「食肉不食馬肝，不為
> 不知味；言學者無言湯、武受命，不為愚。」遂罷。是後學者莫敢
> 明受命放殺者。〔註23〕

黃生即《史記‧太史公自序》所說「習道論於黃子」的黃子，是漢初黃老學派
中的主要人物。黃生所用冠履的論證不但見於太公《六韜》佚文，也見於《韓
非子‧外儲說左下》，可見此說為黃老與法家所共持。黃生反對湯、武革命，
因為在黃老和法家看來，君臣關係是絕對的，永不能改變的。而原始儒家的
君臣關係是以「義合」的，是《荀子‧臣道篇》所謂「傳曰：從道不從君。」
是相對的，故有「君不君則臣不臣，父不父則子不子」之說。這種相對的關係
可以邏輯的轉化出「聞誅一夫，未聞弒君」的理論。黃生和轅固生的爭論，
「洩漏了黃老之所以得勢於漢初的一項絕大秘密。兩千多年來許多學者都不
免被黃老的『清淨無為』的表象所惑，沒有抓住它『得君行道』的關鍵所在。」
「黃老之能流行於大一統時代的漢初，絕不是單純的因為它提出了『清淨無
為』的抽象原則，而是黃老與法家匯流之後使得它在『君人南面之術』的方
面發展了一套具體的辦法，因而纔受到了帝王的青睞。」〔註24〕

　　根據以上所述，可知漢初儒者面對的是一個法家和黃老結合的政治環境。
漢廷採取「秦本位政策」，在制度方面實施全面秦化，也就是法家化。在施政
方面雖採取黃老治術，使民眾得以休養生息，並可補救法家煩苛擾民的弊端，
但在維護君權的絕對化方面，黃老與法家並無不同。凡此均是漢儒實現其政
治理想的障礙，以下本文將就漢初幾位重要的儒家學者，逐一說明他們如何
因應這種情勢。

二、漢初儒者的崇儒運動

　　《孟子‧梁惠王上》載：

> 孟子見梁惠王，王曰：「叟！不遠千里而來，亦將有以利吾國乎？」
> 〔註25〕

〔註23〕《史記》，卷121〈儒林列傳〉，頁3122～3123，修訂本頁3767。
〔註24〕余英時，〈反智論與中國政治傳統〉，收入氏著，《歷史與思想》（臺北：聯經
　　　　出版事業公司，1976年9月），頁20、14。
〔註25〕朱熹著，《四書章句集注》（臺北：大安出版社，1994年11月），頁279。

梁惠王的話，一語道出君主採納建言時，首要考慮的條件就是「利」！無論其為苟且一時之利，抑或為長治久安之利，必得令君主以為其道有利於鞏固君位，安邦定國，方始有被採用的可能，否則難免被視為「俗儒不達時宜」（宣帝語，見《漢書・元帝紀》）。再看《論語・顏淵篇》所載：

> 齊景公問政於孔子，孔子對曰：「君君，臣臣，父父，子子。」公曰：「善哉！信如君不君，臣不臣，父不父，子不子，雖有粟，吾得而食諸？」〔註26〕

能安安穩穩，世世代代的「食粟」，豈非君主的大利！齊景公的考慮，和梁惠王在本質上又有何不同？明乎此理，為漢初儒者設想，在法家和黃老共同當道的局面下，他們向君主建言，無論其是否為修正立場，抑或是進言的技巧，勢不能不設法提供令君主以為可以鞏固君位，平治天下的方案，否則如何可能取代法家和黃老的地位，因而「得君行道」？這種現象，可以說是漢儒向現實政治的妥協。妥協的程度參差不齊，反映了各人的不同風骨。不過妥協歸妥協，儒家的治國方針終究和道、法兩家不同，漢家制度「本以霸王道雜之」（宣帝語，見《漢書・元帝紀》），其中王道的部分，還是有賴於許多純駁程度不同的漢儒，在長時間的崇儒運動中爭取得來。因此漢儒的面目雖然已經不同於先秦儒家，他們的事業還是必須加以肯定。

妥協過度，以致背離儒家的基本立場，叔孫通是一個典型的例子。《史記》本傳載：

> 漢五年（前202年），已并天下，諸侯共尊漢王為皇帝於定陶，叔孫通就其儀號。高帝悉去秦苛儀法，為簡易。羣臣飲酒爭功，醉或妄呼，拔劍擊柱，高帝患之。叔孫通知上益厭之也，說上曰：「夫儒者難與進取，可與守成。臣願徵魯諸生，與臣弟子共起朝儀。」高帝曰：「得無難乎？」叔孫通曰：「五帝異樂，三王不同禮。禮者，因時世人情為之節文者也。故夏、殷、周之禮所因損益可知者，謂不相復也。臣願頗采古禮與秦儀雜就之。」上曰：「可試為之，令易知，度吾所能行為之。」
>
> 於是叔孫通使徵魯諸生三十餘人。魯有兩生不肯行，曰：「公所事者且十主，皆面諛以得親貴。今天下初定，死者未葬，傷者未起，又

〔註26〕《四書章句集注》，頁188。

欲起禮樂。禮樂所由起,積德百年而後可興也。吾不忍為公所為。
公所為不合古,吾不行。公往矣,無汙我!」叔孫通笑曰:「若真鄙
儒也,不知時變。」遂與所徵三十人西,及上左右為學者與其弟子
百餘人為綿蕞野外。習之月餘,叔孫通曰:「上可試觀。」上既觀,
使行禮,曰:「吾能為此。」迺令羣臣習肄,會十月。

漢七年(前200年),長樂宮成,諸侯羣臣皆朝十月。儀:先平明,
謁者治禮,引以次入殿門,廷中陳車騎步卒衛宮,設兵張旗志。傳
言「趨」。殿下郎中俠陛,陛數百人。功臣列侯諸將軍軍吏以次陳西
方,東鄉;文官丞相以下陳東方,西鄉。大行設九賓,臚傳。於是
皇帝輦出房,百官執職傳警,引諸侯王以下至吏六百石以次奉賀。
自諸侯王以下莫不振恐肅敬。至禮畢,復置法酒。諸侍坐殿上皆伏
抑首,以尊卑次起上壽。觴九行,謁者言「罷酒」。御史執法舉不如
儀者輒引去。竟朝置酒,無敢讙譁失禮者。於是高帝曰:「吾迺今日
知為皇帝之貴也。」[註27]

叔孫通所起的朝儀,雖然自稱「頗採古禮」,實際上大抵皆襲秦故,是以儒家
的禮樂為幌子,行法家尊君卑臣之法。所以朱子(1130～1200)批評說:

叔孫通為綿蕞之儀,其効至於羣臣震恐,無敢喧譁失禮者。比之三
代燕享羣臣,氣象便大不同,蓋只是秦人尊君卑臣之法。[註28]

按:叔孫通是一個善於見風轉舵的人,這可以由他對二世獻諛,得以苟全性
命,以及改變服式討得劉邦歡心等事看出。[註29]魯有兩生由叔孫通素來「面

〔註27〕《史記》,卷99〈叔孫通列傳〉,頁2722～2723,修訂本頁3278～3280。
〔註28〕《朱子語類》(臺北:正中書局,1962年,影印明成化九年〔1473〕江西藩司
　　　　覆刊宋咸淳六年〔1270〕導江黎氏本),卷135,頁3222。
〔註29〕〈叔孫通列傳〉云:

　　　　叔孫通者,薛人也。秦時以文學徵,待詔博士。數歲,陳勝起山東,
　　　　使者以聞,二世召博士諸儒生問曰:「楚戍卒攻蘄入陳,於公如何?」
　　　　博士諸生三十餘人前曰:「人臣無將,將即反,罪死無赦。願陛下急發
　　　　兵擊之。」二世怒,作色。叔孫通前曰:「諸生言皆非也。夫天下合為
　　　　一家,毀郡縣城,鑠其兵,示天下不復用。且明主在其上,法令具於
　　　　下,使人人奉職,四方輻輳,安敢有反者!此特羣盜鼠竊狗盜耳,何
　　　　足置之齒牙閒。郡守尉今捕論,何足憂。」二世喜曰:「善。」盡問諸
　　　　生,諸生或言反,或言盜。於是二世令御史案諸生言反者下吏,非所
　　　　宜言。諸言盜者皆罷之。迺賜叔孫通帛二十匹,衣一襲,拜為博士。
　　　　叔孫通已出宮,反舍,諸生曰:「先生何言之諛也?」通曰:「公不知

諛以得親貴」，早已識破他所擬制定的禮樂不會合乎古制。本書第壹、貳篇指出，漢初的基本國策是「秦本位政策」，沿用秦制即是其中的一環。在禮儀方面，起先劉邦不脫平民本色，但求簡易，後來逐漸不耐草莽功臣的失態。叔孫通既揣摩到了劉邦的心意，同時也必早已聞到「秦本位政策」的訊息，於是「希世度務，……與時變化」，制定了大半沿用秦法的朝儀，這是漢廷在禮儀方面的秦化。劉邦為此感到躊躇滿志，深切體驗到法家制度對君主的便利。

　　就崇儒運動的積極意義來說，叔孫通的作法固然是個反面的例子；但就消極的意義來說，卻也開拓了部分儒生的出路。《史記》本傳續載：

> （高帝）迺拜叔孫通為太常，賜金五百斤。叔孫通因進曰：「諸弟子儒生隨臣久矣，與臣共為儀，願陛下官之。」高帝悉以為郎。叔孫通出，皆以五百斤金賜諸生。諸生迺皆喜曰：「叔孫生誠聖人也，知當世之要務。」〔註30〕

叔孫通師徒汲汲於富貴的心態雖不足道，但因此開拓了部分儒生的出路，勢必吸引相當數量的士子「被服聖教」（王充語，見《論衡・程材篇》）。此舉對傳播儒學的附帶作用，容易為人忽略，或因陳義過高，以為誤導儒學方向，非徒無功，反而有害。按：此事與後來因祿利而說經有所牽涉，是非難以一言論定。不過它對儒學的傳播確實有影響，則是不該忽視的，所以附帶提及。

　　陸賈是漢初第一個堂堂正正向君主進言提倡儒家政治理論的學者。《史記》本傳載：

> 陸生時時前說稱《詩》、《書》。高帝罵之曰：「迺公居馬上而得之，安事《詩》、《書》！」陸生曰：「居馬上得之，寧可以馬上治之乎？且湯、武逆取而以順守之，文武並用，長久之術也。昔者吳王夫差、智伯極武而亡；秦任刑法不變，卒滅趙氏。鄉使秦已并天下，行仁義，法先聖，陛下安得而有之？」高帝不懌而有慙色，迺謂陸生曰：「試為我著秦所以失天下，吾所以得之者何，及古成敗之國。」陸生迺粗述存亡之徵，凡著十二篇。每奏一篇，高帝未嘗不稱善，左右呼萬歲，號其書曰《新語》。〔註31〕

也，我幾不脫於虎口！」迺亡去。……因竟從漢。叔孫通儒服，漢王憎之；迺變其服，服短衣，楚製，漢王喜。
　　《史記》，卷99〈叔孫通列傳〉，頁2720～2721，修訂本頁3276～3277。
〔註30〕《史記》，卷99〈叔孫通列傳〉，頁2723～2724，修訂本頁3280～3281。
〔註31〕《史記》，卷97〈陸賈列傳〉，頁2699，修訂本頁3251～3252。

這段記載顯示的事實和意義極為豐富，與本題有關的，可分幾點來說：（一）這段話不僅顯示劉邦漠視儒家政治理論的價值，而且是人君一次極端嚴重的失言，足以動天下之兵；如無有效的補救措施，難保不一言喪邦。〔註32〕（二）陸賈的話包含了明顯的弦外之音；他稱說儒家的政治理論，不是為了儒者本身打算，而是為了維繫現政權於不墜。這種進言技巧，正是縱橫家的看家本領，所以陸賈確實不愧為「當世之辯士」（《史記》本傳）。（三）劉邦為之折服，並非「仁者安仁」，而是「知者利仁」（《論語・里仁篇》）。由此可以推知，當他認為道、法兩家的理論或辦法更有利於維繫政權時，他當然是捨儒而就道、法的。這或許可以部分解釋何以劉邦雖然讚賞陸賈的論著，卻未改變漢朝的制度和治術。（四）陸賈糾正了劉邦武力至上的想法，使他認識到文武並用才是長治久安之策。劉邦終於明白儒家的道理有助於安邦定國，因而肯定了孔子的地位。於是這位「不好儒」的皇帝，在十二年（前 195 年）十一月經過魯地時，遂以太牢祠孔子（《漢書・高帝紀》），來表示他的敬意。雖然劉邦未能多方採用儒家的道理來治國，但從他對儒家態度的轉變一事，足以表明儒家的力量不可輕忽。所以劉邦和陸賈的這一番對話，業已為後來儒家的得勢透露了訊息。（五）《史記》明言陸賈著過《新語》，但今本《新語》卻很可疑，不能輕易根據它來討論陸賈的思想。〔註33〕不過就說明陸賈在崇儒運動中的地位來說，《史記》的資料已經足夠了。

提倡儒家政治理論的漢儒，稍後於陸賈的有賈誼。賈誼著〈過秦論〉，論辯的理路和陸賈相似，他指出秦統一天下後，不施仁義，徒恃形勝與武力，所以不能維持其政權的長久存在：

及至始皇，奮六世之餘烈，振長策而御宇內，吞二周而亡諸侯，履

〔註32〕有關劉邦的種種神話，以及宣傳漢朝政權合法的種種理論，可以多少補救這一次失言之過。

〔註33〕參看黃震、《四庫提要》、張西堂、孫次舟諸家之說，並見張心澂《偽書通考》引錄。先師戴君仁先生謂：「現存的《新語》，《四庫提要》因其引《穀梁傳》，而疑為後人依託，非賈原本。這看法很有眼光。雖經近人余嘉錫氏力辯，陸賈和初傳《穀梁傳》的浮邱伯相識，可能見到《穀梁傳》。但依我們的看法，覺得《穀梁傳》本是後成之書，而不是早成晚出之書。因為此書是仿《公羊傳》而作的，其成書當在《公羊》已經盛行之後。所以《提要》疑為依託，仍然有理。況《論衡・本性篇》引陸賈論性之語不見於今本。我們謹慎一點，不把此書當作陸賈的思想加以討論。」見所著〈論賈誼的學術並及其前後的學者〉，收入《梅園論學集》，引文見頁 257。

至尊而制六合，執敲朴以鞭笞天下，威振四海。……於是廢先王之道，燔百家之言，以愚黔首。墮名城，殺豪俊，收天下之兵聚之咸陽，銷鋒鏑，鑄以為金人十二，以弱天下之民。然後踐華為城，因河為池，據億丈之城，臨不測之谿以為固。良將勁弩，守要害之處，信臣精卒，陳利兵而誰何。天下已定，始皇之心，自以為關中之固，金城千里，子孫帝王萬世之業也。始皇既沒，餘威振於殊俗。然而陳涉甕牖繩樞之子，甿隸之人，而遷徙之徒也。材能不及中人，……躡足行伍之閒，俛仰仟佰之中，率罷散之卒，將數百之眾，轉而攻秦。斬木為兵，揭竿為旗，天下雲會響應，贏糧而景從，山東豪俊遂並起而亡秦族矣。

且天下非小弱也；雍州之地，殽、函之固自若也。陳涉之位，非尊於齊、楚、燕、趙、韓、魏、宋、衛、中山之君也；鉏耰棘矜，非銛於句戟長鎩也；適戍之眾，非儔於九國之師也；深謀遠慮，行軍用兵之道，非及鄉時之士也。然而成敗異變，功業相反也。嘗試使山東之國與陳涉度長絜大，比權量力，則不可同年而語矣。然而秦以區區之地，致萬乘之權，抑八州而朝同列，百有餘年矣。然後以六合為家，殽、函為宮。一夫作難而七廟墮，身死人手，為天下笑者，何也？仁義不施，而攻守之勢異也。〔註34〕

按：賈誼所說秦朝覆亡的理由是否充分，姑置不論。但對於採取「秦本位政策」的漢廷來說，這段話卻很富於警惕性，其作用和陸賈對劉邦所說的一段（見前引文），具有異曲同工之妙。為了維護政權，漢廷確是不能不考慮酌採「仁義」。

賈誼既反秦，所以主張徹底改革沿用秦法的漢家制度。《史記》本傳云：

賈生以為漢興至孝文二十餘年，天下和洽，而固當改正朔，易服色，法制度，定官名，興禮樂，乃悉草具其事儀法，色尚黃，數用五，為官名，悉更秦之法。孝文帝初即位，謙讓未遑也。諸律令所更定，及列侯悉就國，其說皆自賈生發之。於是天子議以為賈生任公卿之位。絳、灌、東陽侯、馮敬之屬盡害之，乃短賈生曰：「雒陽之人，年少初學，專欲擅權，紛亂諸事。」於是天子後亦疏之，不用其議。〔註35〕

〔註34〕《史記》，卷48〈陳涉世家〉，頁1963～1965，修訂本頁2366～2368。
〔註35〕《史記》，卷84〈賈生列傳〉，頁2492，修訂本頁3005。

不說「悉更漢之法」，而說「悉更秦之法」，這是饒有意味的。如果文帝採納賈誼的改革方案，無疑將使漢朝脫胎換骨，面目一新。文帝沒有採納賈誼的建議，原因當是：（一）朝中剛經歷過一場「諸呂之亂」，功臣派發動兵變，誅諸呂、少帝及諸惠帝子，擁立文帝，功臣方握朝中大權。而這些功臣年事已高，只求保固權位，既不想，也沒有能力從事改革的艱鉅工作，但又不願袖手旁觀，使賈誼放手從事改制，因為如此一來，難免有大權旁落之虞。功臣派既反對改制，文帝自然不便與他們決裂。〔註36〕（二）中央與東方諸侯正處於抗衡的狀態，東西對立之局既未改變，漢朝的根據地仍在關中，自不能貿然放棄「秦本位政策」，以免動搖國本（參看第壹篇第五節：〈定都關中的原因〉）。（三）文帝本人好刑名之言，《史記・儒林列傳》說：「孝文帝本好刑名之言。」馮唐批評文帝說：「臣愚以為陛下法太明，賞太輕，罰太重。」（《史記・馮唐列傳》）（四）文帝好道家之學，《史記・禮書》說：「孝文即位，有司議欲定儀禮，孝文好道家之學，以為繁禮飾貌，無益於治，躬化謂何耳，故罷去之。」〔註37〕朱子也說：「文帝學申韓刑名，黃老清淨，亦甚雜。」〔註38〕文帝本身既喜好道、法思想，所以即使沒有功臣派的阻撓，沒有非繼續執行「秦本位政策」不可的客觀形勢，他也不可能採納賈誼的建議，改變以法家思想為其神髓的漢家制度！

賈誼的思想雖相當駁雜，〔註39〕但大體上是以儒家思想為主。有關賈誼思想的資料，今本《新書》部分內容不可信，〔註40〕本文為慎重起見，以見

〔註36〕參看李源澄《秦漢史》，頁28～34。傅樂成〈西漢文景時代政情之分析〉，《臺大歷史學報》第5期，1978年6月，頁19～20。

〔註37〕今本《史記・禮書》雖為後人補缺之作，不過參以〈外戚世家〉言：「竇太后好黃帝、老子言，帝及太子、諸竇不得不讀《黃帝》、《老子》，尊其術。」所以〈禮書〉這幾句話說的當是事實。

〔註38〕《朱子語類》，卷135，頁3224。

〔註39〕如建議改正朔，易服色，色尚黃，數用五，是陰陽家的論調。主張制裁諸侯王，說：「夫仁義恩厚，人主之芒刃也；權勢法制，人主之斤斧也。今諸侯王皆眾髖髀也，釋斤斧之用，而欲嬰以芒刃，臣以為不缺則折。」這是法家的議論。〈鵩鳥賦〉齊生死，等榮辱，這是道家的理論，所以何焯說：「此賦皆原本道家之言，多用老莊緒論。」見余光華編，《評註昭明文選》（臺北：學海出版社，1981年9月），卷3，頁11下。

〔註40〕參看張心澂《偽書通考》引述諸家之說，先師戴君仁先生〈論賈誼的學術並及其前後的學者〉也有考辨，君仁師謂《新書》，「其同於《漢書》者全真，《漢書》以外者全偽。」（原注：至少是多偽，而真者亦經其割裂顛倒一番加工。）引文見《梅園論學集》，頁262。

於《史記》、《漢書》的資料為討論的依據。賈誼的政治見解，以《漢書》本傳所載〈治安策〉為最重要，其中與崇儒有關的，為變易風俗，傅太子，崇禮義德教，以及體貌大臣。賈誼批評秦俗的敗壞說：

> 商君遺禮義，棄仁恩，并心於進取。行之二歲，〔註41〕秦俗日敗。故秦人家富子壯則出分，家貧子壯則出贅。借父耰鉏，慮有德色；母取箕箒，立而誶語。抱哺其子，與公併倨；婦姑不相說，則反脣而相稽。其慈子耆利，不同禽獸者亡幾耳。然并心而赴時，猶曰蹙六國，兼天下。功成求得矣，終不知反廉愧之節，仁義之厚。信并兼之法，遂進取之業，天下大敗；眾掩寡，智欺愚，勇威怯，壯陵衰，其亂至矣。〔註42〕

但秦俗的敗壞並非始皇的意願，根據秦刻石的文字，始皇還是希望他的人民能夠「男女禮順」，「六親相保」，「臨古絕尤」，「飭省宣義」，並且明白提出仁義二字：「維二十八年，皇帝作始，端平法度，萬物之紀。以明人事，合同父子，聖智仁義，顯白道理。」（以上並見《史記·秦始皇本紀》）所以顧炎武（1613～1682）說：「然則秦之任刑雖過，而其坊民正俗之意，固未始異於三王也！」〔註43〕始皇的理想固然不錯，但是如果沒有適當的教化，風俗是難以淳厚的；若是反教化，則風俗只有日益敗壞。秦自商鞅變法以來，採取法家的功利主義，上下交征利，一切行為的取捨，都以利為標準，遂導致風俗大壞。賈誼指出此風至漢相沿而未改：

> 曩之為秦者，今轉而為漢矣。然其遺風餘俗，猶尚未改。今世以侈靡相競，而上亡制度，棄禮誼，捐廉恥日甚，可謂月異而歲不同矣。逐利不耳，慮非顧行也，今其甚者殺父兄矣。盜者剟寢戶之簾，搴兩廟之器，白晝大都之中剽吏而奪之金。矯偽者出幾十萬石粟，賦六百餘萬錢，乘傳而行郡國，此其亡行義之先（尤）〔註44〕至者也。〔註45〕

如果要矯正這種風俗，惟有提倡儒家的道理，「立君臣，等上下，使父子有禮，

〔註41〕王先謙《漢書補注》：「二字下疑脫十字。」見卷48，頁19上。

〔註42〕《漢書》，卷48〈賈誼傳〉，頁2244。

〔註43〕顧炎武著，《日知錄·秦紀會稽山刻石》（石家莊：花山文藝出版社，1991年8月），頁587。

〔註44〕王先謙《漢書補注》：「官本先作尤，是也。」見卷48，頁20下。

〔註45〕《漢書》，卷48〈賈誼傳〉，頁2244。

六親有紀。」伸張禮義廉恥四維。賈誼說：

> 莞（管）子曰：「禮義廉恥，是謂四維，四維不張，國乃滅亡。」……
> 秦滅四維而不張，故君臣乖亂，六親殃戮，姦人並起，萬民離叛，
> 凡十三歲，（而）社稷為虛。今四維猶未備也，故姦人幾幸，而眾心
> 疑惑。豈如今定經制，令君君臣臣，上下有差，父子六親各得其
> 宜，……此業壹定，世世常安，而後有所持循矣。若夫經制不定，
> 是猶度江河亡維楫，中流而遇風波，舩必覆矣。〔註46〕

禮義廉恥四維雖由管子口中說出，《漢書·藝文志》列《管子》於道家，但《管
子》書中的成分本來很雜，所以當中包含儒家的思想並不足奇。以始皇的任
法，尚且希望民風淳厚，漢代帝王自然不希望民風敗壞。但要改善已經敗壞
的風俗，正如賈誼所說，不是一般「俗吏」所能辦到。換句話說，非起用儒生
不可。和民眾的教化相關聯，自然引出太子的教育問題。儒家自孔子以來，
注重品德修養，並且信而好古，博學多聞，太子的師傅當中自然也缺不了儒
生。所以只要君主重視風俗及太子的教育問題，儒家的勢力自然不可能長久
沉伏。關於注重太子的教育問題，道理明顯，可資討論的極少，此處就從略
了。

　　重視德教或重視刑法，是儒、法兩家思想的重要區分之一。儒家一向看
重教化，而把刑罰置於不得已的輔助地位（參看前引《漢書·刑法志》頁1108
～1109）。賈誼區分禮與法的不同說：

> 凡人之智，能見已然，不能見將然。夫禮者禁於將然之前，而法者
> 禁於已然之後，是故法之所用易見，而禮之所為生難知也。若夫慶
> 賞以勸善，刑罰以懲惡，先王執此之政，堅如金石，行此之令，信
> 如四時，據此之公，無私如天地耳，豈顧不用哉？然而曰禮云禮云
> 者，貴絕惡於未萌，而起教於微眇，使民日遷善遠辠而不自知也。
> 孔子曰：「聽訟，吾猶人也，必也使毋訟乎！」為人主計者，莫如先
> 審取舍；取舍之極定於內，而安危之萌應於外矣。〔註47〕

這和孔子所說：「道之以政，齊之以刑，民免而無恥；道之以德，齊之以禮，
有恥且格。」（《論語·為政篇》）宗旨相同。秦用法家，與儒家的主張正相反。
漢沿秦法，儒者以為過苛，所以賈誼主張崇禮義德教，抑法令刑罰：

〔註46〕《漢書》，卷48〈賈誼傳〉，頁2246～2247。
〔註47〕《漢書》，卷48〈賈誼傳〉，頁2252～2253。

人主之所積，在其取舍。以禮義治之者，積禮義；以刑罰治之者，積刑罰。刑罰積而民怨背，禮義積而民和親。故世主欲民之善同，而所以使民善者或異。或道之以德教，或敺之以法令。……秦王之欲尊宗廟而安子孫，與湯、武同，然而湯、武廣大其德行，六七百歲而弗失，秦王治天下，十餘歲則大敗。此亡它故矣，湯、武之定取舍審，而秦王之定取舍不審矣。……湯、武置天下於仁義禮樂，而德澤洽，禽獸草木廣裕，德被蠻貊四夷，累子孫數十世，此天下所共聞也。秦王置天下於法令刑罰，德澤亡一有，而怨毒盈於世，下憎惡之如仇讐，旤幾及身，子孫誅絕，此天下之所共見也。是非其明效大驗邪！……今或言禮誼之不如法令，教化之不如刑罰，人主胡不引殷、周、秦事以觀之也？〔註48〕

文帝十三年（前167年），下詔廢除肉刑，其中說道：

今法有肉刑三，而姦不止，其咎安在？非乃朕德薄而教不明歟？吾甚自愧。故夫馴道不純而愚民陷焉。《詩》曰：「愷悌君子，民之父母。」今人有過，教未施而刑加焉，或欲改行為善而道毋由也。朕甚憐之。〔註49〕

顯然受到儒家德教思想的影響。丞相張蒼，御史大夫馮敬奏言，廢肉刑而改用鞭刑，雖然結果是外有輕刑之名而內實殺人，《漢書·刑法志》說：「斬左止者笞五百，當劓者笞三百，率多死。」〔註50〕這是定律過嚴及執行上的偏差所致，文帝的本意，並非如此。所以在景帝時就針對這些缺點減少鞭笞次數，並且規定了鞭箠的大小，限定執行時不得換人，於是犯人乃得以生全。〔註51〕

關於體貌大臣，賈誼雖說：「君之寵臣雖或有過，刑戮之辠不加其身者，尊君之故也。」只是進言的技巧，本意卻在匡諫過分的尊君卑臣。《漢書》本傳云：

是時丞相絳侯周勃免就國，人有告勃謀反，逮繫長安獄治，卒亡事，

〔註48〕《漢書》，卷48〈賈誼傳〉，頁2253。
〔註49〕《史記》卷10〈孝文本紀〉，頁427～428，修訂本頁535。
〔註50〕《漢書》，卷23〈刑法志〉，頁1099。
〔註51〕見《漢書》，卷23〈刑法志〉，頁1100。漢儒寬刑的主張，它的實行是漸進的。參看拙著：《兩漢尚書學及其對當時政治的影響》第八章〈兩漢尚書學對當時法律的影響〉。

復爵邑，故賈誼以此譏上。上深納其言，養臣下有節。是後大臣有

罪，皆自殺，不受刑。至武帝時，稍復入獄，自寧成始。〔註52〕

至於說：「（上）遇之有禮，故羣臣自憙；嬰以廉恥，故人矜節行。上設廉恥禮義以遇其臣，而臣不以節行報其上者，則非人類也。故化成俗定，則為人臣者主耳忘身，國耳忘家，公耳忘私，利不苟就，害不苟去，唯義所在，上之化也。」〔註53〕則是粹然仁義之言。

諫諍向為儒家所重視，甚至視為孝行之一（《孝經·諫諍章》，引文見第肆篇第三節）。黃老及法家則主張嚴禁臣下的諍議，形之於法便是誹謗律、妖言令（說詳第一節）。賈誼指出：

胡亥今日即位而明日射人，忠諫者謂之誹謗，深計者謂之妖言。
〔註54〕

在傅太子的一段話裏，部分即講到納諫：

及太子既冠成人，免於保傅之嚴，則有記過之史，徹膳之宰，進善之旌，誹謗之木，敢諫之鼓。瞽史誦詩，工誦箴諫，大夫進謀，士傳民語。〔註55〕

不過在漢初勸人主聞過納諫最詳盡的，則是與賈誼同時的賈山。《漢書》本傳說他於「孝文時，言治亂之道，借秦為諭，名曰〈至言〉。」〈至言〉的要點有二：（一）竭力鋪陳人主聞過納諫的道理。（二）勸文帝「少衰射獵」，「定明堂，造太學，修先王之道。」但後者著墨不多。文帝下詔廢除誹謗律、妖言令，應當曾經受到賈山的影響。其間細節，詳見本書第肆篇：〈賈山至言上書的時間及其影響〉。

與賈誼同時而稍後的鼂錯，《漢書》本傳說他學申商刑名於軹張恢生所，又說為人陗直刻深，確屬法家學者。雖然他「以文學為太常掌故」，太常遣他受《尚書》於伏生，回來做了博士，是儒生之事。只能說是法家學者兼通儒家的學術，就其生平言論行事看來，不能把他列為儒家學者，所以本文對他略而不論。

〔註52〕《漢書》，卷48〈賈誼傳〉，頁2260。
〔註53〕《漢書》，卷48〈賈誼傳〉，頁2257。
〔註54〕《漢書》，卷48〈賈誼傳〉，頁2251。
〔註55〕《漢書》，卷48〈賈誼傳〉，頁2249。「瞽史誦詩」，王念孫《讀書雜志》云：
「《大戴禮記·保傅篇》作『瞽夜誦詩』，是也。」

三、結論

　　以上敘述漢初儒者的崇儒事業，對於漢沿秦法，以法家思想作為其制度之神髓的大局，未能使君主作根本性的改革（終兩漢之世亦然），只是在小處作了些匡救的工作而已，距離儒家仁政的理想，依舊是天遙地遠。〔註56〕但因採用與否的決定權既操在君主手中，所以責任並不在漢儒身上，他們的努力還是應該加以肯定。

〔註56〕朱子〈答陳同甫書〉云：「千五百年之間，……只是架漏牽補過了時日。其間雖或不無小康，而堯、舜、三王、周公、孔子所傳之道，未嘗一日得行於天地之間也。」見《朱子文集》（臺北：德富文教基金會，2000年）卷36，頁1458。

肆、賈山〈至言〉上書的時間及其影響

一

《漢書・賈山傳》以記錄賈山上給文帝的〈至言〉為主幹。〔註1〕〈至言〉之前，記賈山的出身及事業，不過「賈山，潁川人也。祖父祛，故魏王時博士弟子也。山受學祛，所言涉獵書記，不能為醇儒。嘗給事潁陰侯為騎。」〔註2〕寥寥數句而已。〈至言〉之後，敘述他後來又曾上書文帝諫除鑄錢令；訟淮南王無大罪，宜急令反國；又說柴唐子為不善，足以戒，但均未錄其文。可見在班固眼中，賈山個人的歷史地位，主要是因為〈至言〉而取得。

〈至言〉的內容，由兩個部分構成。其一，竭力鋪陳人主聞過納諫的道理。其二，勸文帝「少衰射獵」，「定明堂，造太學，修先王之道。」但後者著墨不多，〈至言〉的影響也在於前者，所以本文只敘述這一部分的大意。賈山先從正面提出天子必須納諫的道理：

> 古者聖王之制，史在前書過失，工誦箴諫，瞽誦詩諫，公卿比諫（王
> 念孫《漢書雜志》：「比諫當為正諫，字之誤也。」），士傳言諫過，
> 庶人謗於道，商旅議於市，然後君得聞其過失也。聞其過失而改之，
> 見義而從之，所以永有天下也。天子之尊，四海之內，其義莫不為
> 臣。然而養三老於大學，親執醬而饋，執爵而酳，祝饐在前，祝鯁
> 在後，公卿奉杖，大夫進履，舉賢以自輔弼，求修正之士使直諫。

〔註1〕《漢書》，卷51〈賈山傳〉，頁2327～2337。
〔註2〕《漢書》，卷51〈賈山傳〉，頁2327。

故以天子之尊，尊養三老，視孝也；立輔弼之臣者，恐驕也；置直
諫之士者，恐不得聞其過也；學問至於芻蕘者，求善無饜也；商人
庶人誹謗己而改之，從善無不聽也。〔註3〕

其次他以秦的滅亡為論，從反面申說不納諫的後果：

秦皇帝居滅絕之中，而不自知者何也？天下莫敢告也。其所以莫敢
告者何也？亡養老之義，亡輔弼之臣，亡進諫之士，縱恣行誅，退
誹謗之人，殺直諫之士，是以道諛諭合苟容，比其德則賢於堯、舜，
課其功則賢於湯、武，天下已潰而莫之告也。〔註4〕

文中同時一再流露恐懼被誅的心態，〈至言〉一開頭就說：

臣聞為人臣者，盡忠竭愚，以直諫主，不避死亡之誅者，臣山是也。
〔註5〕

中間又說：

臣聞忠臣之事君也，言切直則不用而身危，不切直則不可以明道，
故切直之言，明主所欲急聞，忠臣之所以蒙死而竭知也。〔註6〕

反映了在誹謗律和妖言令的箝制下，臣子上書時戒慎恐懼的心理負擔。

二

〈至言〉上於文帝幾年，影響如何，《漢書》沒有明文記載。荀悅《漢紀》
置於文帝五年（前175年），列在諫除鑄錢令之後。至於它的效果，《漢紀》說：
「上輒優容而納其言，然明堂、太學猶未足興。」〔註7〕《資治通鑑》置於文
帝二年（前178年）十一月因日食下詔求言之後（詳下文），效果是「上嘉納其
言。」至於如何「嘉納」法，沒有具體的交代，與《漢紀》同樣失之空泛。

按：《漢書·文帝紀》載：「（二年）十一月癸卯晦，日有食之。」文帝因
此下詔命二三執政「其悉思朕之過失，及知見之所不及，匄以啟告朕。及舉
賢良方正能直言極諫者，以匡朕之不逮。」〔註8〕〈至言〉說：「（今陛下）使
天下舉賢良方正之士，天下皆訢訢焉。」與詔書相應，可知賈山是因文帝求

〔註3〕《漢書》，卷51〈賈山傳〉，頁2330。
〔註4〕《漢書》，卷51〈賈山傳〉，頁2333。
〔註5〕《漢書》，卷51〈賈山傳〉，頁2327。
〔註6〕《漢書》，卷51〈賈山傳〉，頁2329。
〔註7〕《漢紀》（臺北：臺灣商務印書館，1971年），卷7，頁63。
〔註8〕《漢書》，卷4〈文帝紀〉，頁116。

言而上書，《通鑑》所定賈山上書的時間是正確的。〈文帝紀〉又載：二年五月（漢初以十月為歲首，所以五月在十一月之後），文帝下詔廢除誹謗律、妖言令。文帝的詔書說：

> 古之治天下，朝有進善之旌，誹謗之木，所以通治道而來諫者也。
> 今法有誹謗訞（妖）言之罪，是使眾臣不敢盡情，而上無由聞過失
> 也，將何以來遠方之賢良？其除之。民或祝詛上，以相約而後相謾，
> 吏以為大逆；其有他言，吏又以為誹謗。此細民之愚，無知抵死，
> 朕甚不取。自今以來，有犯此者勿聽治。〔註9〕

依照常理推斷，文帝決策時應當曾經受到賈山〈至言〉的影響。

　　至於賈山一介儒生，何以能夠成就這種影響？仔細看來，不能免於因緣際會。首先就他上書的緣由說，是因文帝求言詔引發動機；再就文帝何以接納他的意見來說，是因文帝本性具有納諫的雅量。應劭《風俗通義‧正失篇》記載劉向的話說：

> 文帝禮言事者，不傷其意，羣臣無小大，至即便從容言，上止輦聽
> 之，其言可者稱善，不可者喜笑而已。〔註10〕

這種風度，自以出諸本性的成分居多。區區一二儒生，憑幾番勸說，〔註11〕縱然能多少影響君主的行為，恐怕難以轉移其本性。由此可見賈山所以能夠影響文帝廢除誹謗妖言之罪，得力於外在形勢的成分很大，所以我們不能過分高估賈山〈至言〉的影響力。這麼說來，賈山上書是否無關緊要？班固為他立傳是否過分抬高了他的地位？這又不然，只要觀察誹謗律、妖言令立法的思想背景，以及這兩種法令在漢代未曾徹底廢除的事實（詳後文），即可看出賈山〈至言〉在漢代政治思想史上有它特殊的意義。班固特為賈山立傳，適切填補了《史記》未曾記錄此事的缺憾，顯然是具有深刻用意的。因此從這方面來看，賈山〈至言〉的意義也不容低估。

三

　　蕭何制定漢律時，大半沿用秦律。誹謗律和妖言令當是原來秦律所有，

〔註9〕《漢書》，卷4〈文帝紀〉，頁118。
〔註10〕應劭著，王利器校注，《風俗通義校注》（臺北：明文書局，1982年4月），頁99。
〔註11〕賈誼〈治安策〉在傅太子的一段裏，也提到了納諫的道理，見《漢書》，卷48〈賈誼傳〉，頁2249。

而為蕭何定律時所保留。至於秦時對誹謗和妖言的認定，賈誼〈治安策〉說：「忠諫者謂之誹謗，深計者謂之妖言。」〔註12〕路溫舒〈尚德緩刑疏〉說：「正言者謂之誹謗，遏過者謂之妖言。」〔註13〕因此何種言論是「誹謗」或「妖言」，可以憑君主主觀好惡來決定。所以這兩種法令具有壓制輿論，杜絕羣臣諍言的作用，是法家思想下的典型產物。〔註14〕在嚴禁臣下諫諍方面，黃老學派和法家的看法一樣，近年出土的《九主》說：

> 得道之君，邦出乎一道，制命在主，下不別黨，邦无私門，諍（爭）李（理）皆塞。
>
> 二道之邦，長諍（爭）之李（理），辨黨長爭，……夫爭道薎（萌）起，大失天綸（倫），四則相侵，主輕臣重，邦多私門，……以命破戚（滅）。〔註15〕

即公然的主張統制思想，杜絕臣下諫諍。儒家則重視諫諍，甚至視為孝行之一。《孝經・諫諍章》說：「昔者天子有爭臣七人，雖無道，不失其天下。」又說：「故當不義，則子不可以不爭於父，臣不可以不爭於君。」〔註16〕因此從儒、法及黃老對諫諍的態度不同這方面來看，賈山借秦為諭，勸文帝聞過納諫的舉動，實為站在儒家立場，對法家和黃老以及漢沿秦制的批評。

終兩漢之世，誹謗律和妖言令廢除的並不徹底。高后元年（前 187 年）除妖言令，文帝二年（前 178 年）除誹謗妖言之罪，顏師古說：「高后元年詔除妖言之令，今此又有訞言之罪，是則中間曾重復設此條也。」〔註17〕梁玉繩（1745～1819）《史記志疑》以為「妖言」二字是衍文。〔註18〕按：從後來史實的演變看，梁說未必正確，因為在文帝以後，仍有重申廢除誹謗律，以及重申廢止妖言令之事。程樹德（1877～1944）《九朝律考》說：

> 高后、文帝皆有除誹謗、訞言之令，而哀帝時又除誹謗法。章帝、安帝諸紀所載，復有坐訞言者。《魏志・崔琰傳》注引《魏略》：「太

〔註12〕《漢書》，卷 48〈賈誼傳〉，頁 2251。
〔註13〕《漢書》，卷 51〈路溫舒傳〉，頁 2369。
〔註14〕法家對諫諍的態度，參看本書第陸篇第三節：〈王充對文史的批評〉。
〔註15〕《長沙馬王堆漢墓簡帛集成》（肆），頁 98。
〔註16〕《孝經注疏》（臺北：藝文印書館，1976 年，影印嘉慶二十年〔1815〕江西南昌府學刊本），卷 7，頁 3 下。
〔註17〕《漢書》，卷 4〈文帝紀〉師古注，頁 118。
〔註18〕《史記志疑》，卷 7，頁 261。收入楊家駱編，《四史辨疑》，頁 70。

祖以為琰腹誹心謗，乃收付獄，髡刑輸徒。」是此法終漢世未盡除
也。〔註19〕

在班固以前，臣下觸犯這兩條法令的也不乏其人，如昭帝元鳳三年（前 78
年）內官長賜、眭孟兩人「妄設祅言惑眾，大逆不道，皆伏誅。」〔註20〕又
元鳳六年（前75年）丞相屬寶、長安單安國、安陵杅育劾太史令張壽王為八
百石吏，猶古之大夫，竟服儒衣，誦不祥之辭，作祅言欲亂制度，不道，奏
可。〔註21〕昭帝崩，昌邑王嗣立，數出，夏侯勝諫說：「天久陰不雨，臣下有
謀上者，陛下出，欲何之？」王怒，謂勝為祅言，縛以屬吏。〔註22〕宣帝時，
廷尉于定國奏楊惲妄自怨望，稱引為祅惡言，大逆不道，請逮捕治。〔註23〕
又嚴延年坐怨望非謗政治，不道，棄市。〔註24〕

由以上所述，可見賈山〈至言〉影響法令的實效較小，批判現實政治的
意義反而較大。班固特為賈山立傳，並以〈至言〉作為傳文的主幹，只要漢朝
乃至後代諫諍之路不夠開闊，或法家治術為害的時候，賈山〈至言〉所顯現
的批判精神就愈發放射出它的光輝。這裏同時顯示了班固站在儒家的立場，
對漢朝沿用秦制的措施，作了間接的批評。

原刊於《孔孟月刊》第 23 卷第 3 期，1984 年 11 月。
2020 年 4 月修訂。

〔註19〕程樹德著，《九朝律考》（臺北：臺灣商務印書館，1973 年 8 月），頁 125。
〔註20〕《漢書》，卷 75〈眭弘傳〉，頁 3154。
〔註21〕《漢書》，卷 21 上〈律曆志上〉，頁 978。
〔註22〕《漢書》，卷 75〈夏侯勝傳〉，頁 3155。
〔註23〕《漢書》，卷 66〈楊敞傳〉，頁 2893。
〔註24〕《漢書》，卷 90〈酷吏嚴延年傳〉，頁 3671。

伍、王充處世觀述評*

一、明辨然否在人際關係方面的限制

王充在性格方面的最大特色，是辨明事物真相的傾向特強。有關這方面的資料，《論衡》各篇所在多有。茲擇其中幾則作為例證。〈佚文篇〉云：

> 《詩》三百，一言以蔽之，曰：「思無邪。」《論衡》篇以十數，亦一言也，曰：「疾虛妄。」〔註1〕

〈對作篇〉云：

> 是故《論衡》之造也，起眾書並失實，虛妄之言勝真美也。故虛妄之語不黜，則華文不見息；華文放流，則實事不見用。故《論衡》者，所以銓輕重之言，立真偽之平，非苟調文飾辭，為奇偉之觀也。其本皆起人間有非，故盡思極心，以機（筆者按：「機」乃「譏」之誤，商務版正作「譏」）世俗。世俗之性，好奇怪之語，說虛妄之文。何則？實事不能快意，而華虛驚耳動心也。是故才能之士，好談論

---

*　1985 年 5 月本書初版注語：「本文原定刊於《鄭師因百先生八十壽慶論文集》，校對工作早在 1985 年 2 月即已完成，預定 6 月由臺灣商務印書館出版。4 月籌印本書時，曾將本文略作修訂，但論文集之稿卻已無法追改。所以本書的出版時間雖在論文集之前，而本文的定稿卻在其後。」2020 年修訂時復略有少量文詞更定。

〔註1〕王充著，黃暉校釋，《論衡校釋》（本書引用黃暉《論衡校釋》，逕稱《論衡校釋》；引用黃暉校釋的意見時，則簡稱「黃氏《校釋》」。中華書局本將劉盼遂《論衡集解》併入黃本，頗便讀者參考，故本書修訂本引用《論衡》均據此本）（北京：中華書局，1990 年 2 月），卷 20，頁 870。

者，增益實事，為美盛之語；用筆墨者，造生空文，為虛妄之傳。
聽者以為真然，說而不舍；覽者以為實事，傳而不絕。不絕，則文
載竹帛之上；不舍，則誤入賢者之耳。至或南面稱師，賦姦偽之說；
典城佩紫，讀虛妄之書。**明辨然否**，疾心傷之，安能不論？……孟
子曰：「予豈好辯哉？予不得已！」今吾不得已也。虛妄顯於真，實
誠亂於偽，世人不悟，是非不定，紫朱雜廁，瓦玉集糅，以情言之，
豈吾心所能忍哉！……故為《論衡》，文露而旨直，辭姦而情實。
〔註2〕……冀悟迷惑之心，**使知虛實之分**。實虛之分定，而華偽之
文滅；華偽之文滅，則純誠之化日以孳矣。〔註3〕

又云：

今《論衡》就世俗之書，訂其真偽，辯其實虛，……俗傳蔽惑，偽
書放流，……是反為非，虛轉為實，安能不言？俗傳既過，俗書
又偽。……浮妄虛偽，沒奪正是。心潰涌，筆手擾，安能不論？
〔註4〕

〈自紀篇〉云：

世書俗說，多所不安，幽處獨居，考論實虛。……其文盛，其辯爭，
浮華虛偽之語，莫不澄（證）定。〔註5〕沒華虛之文，存敦厖之朴；
撥流失之風，反宓戲之俗。〔註6〕

根據上引文，王充性格的最大特色，可以拿他所說的兩句話來概括：「明辨然
否，……使知虛實之分。」

由於這種性格，所以王充在敘事時自然力求精確。對於古書當中某些不
致引起誤解的誇張描寫，王充也頗不以為然。〈語增〉、〈儒增〉、〈藝增〉三篇
所辨，部分即屬於此類。茲擇其中一則為例，〈藝增篇〉云：

《尚書》曰：「祖伊諫紂曰：『今我民罔不欲喪。』」罔，無也，我天
下民無不欲王亡者。夫言欲王之亡，可也；言無不，增之也。紂雖

〔註2〕劉盼遂《論衡集解》（以下簡稱劉氏《集解》）云：「姦殆即簡約質實，言無華
澤之意矣。」
〔註3〕《論衡校釋》，卷29，頁1179～1180。
〔註4〕《論衡校釋》，卷29，頁1181、1183。
〔註5〕孫人和著，《論衡舉正》（下文簡稱「孫氏《舉正》」。臺北：廣文書局，1975
年4月，卷4，頁35下）：「『澄』當作『證』。〈問孔篇〉云：『證定是非。』
〈超奇篇〉云：『莫不證定。』並其證。」
〔註6〕《論衡校釋》，卷30，頁1190、1194～1195。

惡，民臣蒙恩者非一，而祖伊增語，欲以懼紂也。故曰：「語不益，心不惕；心不惕，行不易。」增其語，欲以懼之，冀其警悟也。蘇秦說齊王曰：「臨菑之中，車轂擊，人肩摩，舉袖成幕，連衽成帷，揮汗成雨。」齊雖熾盛，不能如此，蘇秦增語，激齊王也。祖伊之諫紂，猶蘇秦之說齊王也。〔註7〕

其餘典型的例子，參看本書第捌篇：〈論衡對文獻記載的考辨〉第八節：〈王充對文獻記載的要求與解釋〉。〈藝增篇〉引述祖伊和蘇秦所說的話雖然誇張，正如《文心雕龍・夸飾篇》所說：「辭雖已甚，其義無害也。」〔註8〕其實不致造成誤解。王充的辨正，則反映了他為文應求精確明白的主張。所以他在〈案書篇〉裏力主文章應該「剖破渾沌，解決亂絲，言無不可知，文無不可曉。」〔註9〕

由於王充明辨然否的性格，以及敘事力求精確的作風，所以他在敘述自己先祖的事跡時，也就按照事實，和盤托出，沒有顧慮到應作某種程度的隱諱。不料因此引起後來許多學者的責難。以下本文即藉著對此事的討論，以顯示王充在處理人倫關係，或者擴大的說，在處理人際關係方面的一些缺陷。

〈自紀篇〉云：

> 世祖勇任氣，卒咸不揆於人。歲凶，橫道傷殺，怨讎眾多。會世擾亂，恐為怨讎所擒，祖父汎舉家檐載，就安會稽，留錢唐縣，以賈販為事。生子二人，長曰蒙，少曰誦，誦即充父。祖世任氣，至蒙、誦滋甚，故蒙、誦在錢唐，勇勢凌人。末復與豪家丁伯等結怨，舉家徙處上虞。〔註10〕

由於王充的先世任氣凌人，多結怨仇，以致於一再為避仇遷徙。不免引起他人對王充的嘲笑，說他「宗祖無淑懿之基」，王充的答覆是，聖賢本無種，祖先之濁並不妨礙後裔之清。〈自紀篇〉云：

> 充細族孤門。或啁之曰：「**宗祖無淑懿之基**，文墨無篇籍之遺，雖著鴻麗之論，無所稟階，終不為高。夫氣無漸而卒至曰變，物無類而妄生曰異，不常有而忽見曰妖，詭於眾而突出曰怪。吾子何祖？其

〔註7〕《論衡校釋》，卷8，頁390。
〔註8〕劉勰著，范文瀾注，《文心雕龍注》（臺北：臺灣開明書店，1966年11月），卷8，頁1下。
〔註9〕《論衡校釋》，卷29，頁1172。
〔註10〕《論衡校釋》，卷30，頁1187。

先不載。況未嘗履墨涂，出儒門，吐論數千萬言，宜為妖變，安得寶斯文而多賢？」答曰：「鳥無世鳳皇，獸無種麒麟，人無祖聖賢，物無常嘉珍。才高見屈，遭時而然。士貴故孤興，物貴故獨產。……五帝不一世而起，伊、望不同家而出。千里殊跡，百載異發。……母驪犢駁，無害犧牲；祖濁裔清，不膀（妨）奇人。鯀惡禹聖，叟頑舜神。伯牛寢疾，仲弓潔全。顏路庸固，回傑超倫。孔、墨祖愚，丘、翟聖賢。楊家不通，卓有子雲；桓氏穉可，遹出君山。更稟於元，故能著文。」〔註11〕

〈講瑞篇〉有一段類似的話：

堯生丹朱，舜生商均。商均、丹朱，堯、舜之類也，骨性詭耳。鯀生禹，瞽瞍生舜。舜、禹，鯀、瞽瞍之種也，知德殊矣。……種類無常，故曾晳生參，氣性不世，顏路出回，古今卓絕。〔註12〕

按：王充敘述其「宗祖無淑懿之基」的事實，充分顯示了他明辨然否，敘事力求精確的精神。本於這種精神，所以他曾說夫婦生子是偶然，而非故意的事。〈物勢篇〉云：

夫天地合氣，人偶自生也；猶夫婦合氣，子則自生也。夫婦合氣，非當時欲得生子，情欲動而合，合而生子矣。且夫婦不故生子，以知天地不故生人也。〔註13〕

按：王充的話說得並不完備，其中顯然忽略了為求子嗣，夫婦「故」生子的事實。更為重要的是，對人倫關係，乃至擴大到對於人際關係方面來說，明辨然否，和盤托出真相往往不是第一要義。所以王充本著他治學的態度敘述其先世的事跡，引起許多人的責難，也就不足為怪了。目前的問題是：他們的責難是否恰當？為王充著想，他原來應該如何處置這件事，才算是妥善的？以下即依序討論這兩個問題。

劉知幾（661～721）《史通・序傳篇》云：

又王充《論衡》之自紀也，述其父、祖不肖，為州閭所鄙，而己答以瞽頑舜神，鯀惡禹聖。夫自敘而言家世，固當以揚名顯親為主，苟無其人，闕之可也。至若盛矜於己，而**厚辱其先**，此何異證父攘

〔註11〕《論衡校釋》，卷 30，頁 1205～1207。
〔註12〕《論衡校釋》，卷 16，頁 732。
〔註13〕《論衡校釋》，卷 3，頁 144。

羊，學子名母？**必責以名教，實三千之罪人也。**〔註14〕

王應麟（1223～1296）《困學紀聞》卷 10〈論衡〉條本之，以為「此書非小疵也。」〔註15〕惠棟（1697～1758）《後漢書補注》本之，以為「充鄉里稱孝，此猶華耦稱其祖督之罪，魯人以為敏，明君子所不許也。」〔註16〕王鳴盛（1722～1797）《十七史商榷》也說：

> 〈王充傳〉：「充少孤，鄉里稱孝。」按：充《論衡·自紀篇》歷詆其祖、父之惡，……，而盛自誇譽，其言如此，恐難稱孝，此史文之謬者。〔註17〕

《四庫全書總目提要》云：

> 至於述其祖、父頑狠，以自表所長，慎亦甚焉。〔註18〕

錢大昕（1728～1804）《潛研堂集》卷 27〈跋論衡〉云：

> 《論衡》八十五篇，……以予觀之，殆所謂小人而無忌憚者乎！觀其〈問孔〉之篇，掎摭至聖，〈自紀〉之作，訾毀先人，既已身蹈不韙。……小人哉！〔註19〕

又《十駕齋養新錄》卷 6〈王充〉條云：

> 〈王充傳〉：「充少孤，鄉里稱孝。」按：《論衡·自敘篇》云：「六歲教書，有巨人之志，父未嘗笞，母未嘗非。」不云少孤也。其答或人之啁，稱鯀惡禹聖；叟頑舜神；顏路庸固，回傑超倫；孔、墨祖愚，丘、翟聖賢。蓋自居於聖賢，而訾毀其親，可謂有文無行，名教之罪人也。充而稱孝，誰則非孝？〔註20〕

杭世駿（1696～1773）《道古堂文集》卷 22〈論王充〉條云：

> 夫孝者，己有善不敢以為善，己有能不敢以為能，曰：「是吾先人之

〔註14〕劉知幾著，浦起龍釋，《史通通釋》（臺北：臺灣中華書局，1970 年 6 月），卷 9，頁 6 下。

〔註15〕王應麟著，《困學紀聞》（《四部叢刊》三編影元本），卷 10，頁 22 上。

〔註16〕惠棟著，《後漢書補注》（北京：北京圖書館出版社，2004 年 4 月，影印嘉慶德裕堂刻本），卷 12，頁 4 下。

〔註17〕王鳴盛著，《十七史商榷》（上海：上海書店出版社，2005 年 12 月），卷 37，頁 258。

〔註18〕永瑢等編，《四庫全書總目提要》（臺北：藝文印書館，1989 年 1 月），卷 120，頁 1 下。

〔註19〕錢大昕著，呂友仁標校，《潛研堂集》（上海：上海古籍出版社，1989 年 11 月），頁 478～479。

〔註20〕錢大昕著，《十駕齋養新錄》（上海：商務印書館，1935 年 9 月），頁 126。

所留遺也，是吾祖若父之所培植而教誨也。」鄉人曰：「幸哉！有子如此，可謂孝已。」而吾所聞於充者有異焉。充細族孤門，世祖勇任氣，卒咸不揆於人。歲凶，橫道傷殺，怨讎眾多。祖父汎，賈販為事，生子蒙及誦，任氣滋甚，在錢塘勇勢凌人，誦即充父也。充作《論衡》，悉書不諱，而乃特創或人問答，揚己以醜其祖先。其尤甚之辭，則曰：「母驪犢駢，無害犧牲；祖濁裔清，不牓奇人。夫禹聖也，而鯀惡；舜神也，而瞍頑。」使禹謂聖於鯀，舜謂神於瞍，則禹與舜將不得為神聖，矧復以鯀為惡，以瞍為頑，而挂諸齒頰，著之心胸，筆之簡牘，即禹亦且不免於惡，舜亦且不免於頑，雖甚神聖，焉得稱孝？充知尚口以自譽而已。唐劉子玄氏謂：「責以名教，斯三千之罪人。」旨哉言乎！吾取以實吾言矣。且夫立言將以垂教也，《論衡》之書雖奇，而不孝莫大，蔡邕、王朗、袁山松、葛洪之徒，皆一代作者，尋其書而不悟其失，殆不免於阿私所好。而范曄又不孝之尤者，隨而附和之，而特書之以孝。嗚呼！孝子固訐親以成名乎？〔註21〕

按：根據上引諸文，可見唐、宋以來道學中人對王充據實敘述先祖事跡的作風大不以為然。這些批評，以劉知幾和杭世駿所說最為詳盡。歸納他們的理由，可以濃縮劉知幾的兩句話來概括：「厚辱其先，名教之罪人也。」

近人黃暉及徐道鄰（1906～1973）則為王充開脫不孝的罪名。黃氏《校釋》於〈自紀篇〉中云：

《王褒集‧僮約》，注云：「漢時官不禁報怨。」（原注：「引見《御覽》。」）桓譚〈疏〉曰：「今人相殺傷，雖已伏法，而私結怨讎，子孫相報，後忿深前，至於滅戶殄業，而俗稱豪健，故雖怯弱，猶勉而行之。」是世風所尚，非可謂其意在詆毀也。〔註22〕

徐道鄰〈王充論〉云：

我們細玩《論衡》詞句，他祇是不曾「為親者諱」而已——這可能是因為他相信「天下之事，不可增損；考察前後，效驗自列」（〈語增篇〉）之故——，怎麼能因此就罵他「不孝」？甚至於懷疑史書上

〔註21〕《道古堂文集》（乾隆41年〔1776〕刻，光緒14年〔1888〕汪曾唯修本），卷22，頁1上～2上。
〔註22〕《論衡校釋》，卷30，頁1188。

所說「鄉里稱孝」這個事實？〔註23〕

按：黃暉指出「任氣」是王充當時世風所尚，所以王充在〈自紀篇〉說「世祖勇任氣」一段只是實錄，王充既無意於詆毀先人，同時我們也有理由相信，和王充時代相近的人，大概也不會以為他這樣說是大大不該的事。所以謝承及范曄《後漢書》「鄉里稱孝」的記載，縱然可能有溢美之處，並非全然不能理解。蔡邕（133～192）等人未曾以為王充不孝，反而紛紛「阿其所私」（杭世駿語，見前引文）的現象，也就不足為怪了。但話雖如此，〈自紀篇〉另一段（「充細族孤門」以下）說祖濁裔清云云，藉抑低先人以揚己之善，黃暉終究無法替王充開脫。徐道鄰指出了王充實話實說，不為親諱的作風，識見超越前人。至於王充這樣做是否構成「不孝」的罪名，則涉及孝的定義問題，所以徐道鄰的辯解顯然過於簡略。

徐復觀（1904～1982）不相信會有「鄉里稱孝」的事情。徐氏在〈王充論考〉中說：

> 王充在〈自紀篇〉中所以詆及其祖與父，乃因為在王充的思想中，根本沒有孝的觀念。孝的觀念的形成，乃出於對父母生我的感恩報德之念。但王充在〈物勢篇〉中說：「夫天地合氣，人偶自生也。夫婦合氣，子自生也，非當時欲得生子，情欲動而合，合而生矣。」他在這裏所說的，固係事實；但把父母生子完全作一種純事實的判斷，當然從這裏產生不出孝的觀念。他自己沒有孝的觀念，如何會有「鄉里稱孝」的事情。〔註24〕

按：孝的觀念並非純從子女感激父母誕生他們這一事實而來；實際上，感念養育之恩要佔更大的比重。王充雖然指出父母不故生子的事實（王充忽略了不少父母為求子嗣而故生子的情形），卻並不表示他必然否定父母養育子女之恩。謝承及范曄《後漢書》均說鄉里稱王充為孝，可能即從他感念父母養育之恩，善於奉養父母而來。即或不然，在沒有明顯的反證之前，「鄉里稱孝」的話頂多也只能列為存疑而已。所以徐氏的說法，顯然武斷了些。

不過按照儒家對孝所下的定義來衡量，例如《孝經・開宗明義章》所說：「身體髮膚，受之父母，不敢毀傷，孝之始也。立身行道，揚名於後世，以顯

〔註23〕《東海學報》第 3 卷第 1 期（1961 年 6 月）。
〔註24〕收入氏著，《兩漢思想史》卷 2（臺北：臺灣學生書局，1979 年 9 月），頁 566。

父母，孝之終也。夫孝始於事親，中於事君，終於立身。」〔註25〕王充顯然
並非「純孝」，前引唐、宋以來學者所評，也都是針對他不僅不去榮顯父母，
反而暴露其短處而言。所以在人倫關係中，明辨然否，敘事精確並非第一要
義。換句話說，包容扶持遠比分辨虛實來得重要。因此《穀梁‧成公九年傳》
云：

為尊者諱恥，為賢者諱過，為親者諱疾。〔註26〕

《論語‧子路篇》云：

葉公語孔子曰：「吾黨有直躬者，其父攘羊，而子證之。」孔子曰：

「吾黨之直者異於是，父為子隱，子為父隱，直在其中矣。」〔註27〕

這層道理，朱子解說得很扼要：

父子相隱，天理人情之至也。故不求為直，而直在其中。〔註28〕

不僅對尊長如此，對晚輩同樣要包容扶掖。《孟子‧離婁下》云：

孟子曰：「中也養不中，才也養不才，故人樂有賢父兄也。如中也棄

不中，才也棄不才，則賢不肖之相去，其間不能以寸。」〔註29〕

擴大到一般的人際關係來說，也應當如此。所以子張說：「君子尊賢而容眾，
嘉善而矜不能。」〔註30〕確乎表現了他堂堂的氣度。

總之，明辨然否，凡事求其精確的精神，適用於知識方面的追求，所以
王充在辨正虛妄之事方面得到了輝煌的成果。但對於人倫及人際關係方面來
說，包容扶持遠比察察為明來得重要，可惜王充雖博覽羣書，對這方面的體
悟獨少，遑論其他類似更深更廣的問題！

〔註25〕《孝經注疏》，卷1，頁3上～3下。
〔註26〕《春秋穀梁傳》（臺北，藝文印書館，1976年，影印清嘉慶二十年〔1815〕江
西南昌府學刊本），卷14，頁2上。〈問孔篇〉云：
或曰：「《春秋》之義也，為賢者諱。蘧伯玉賢，故諱其使者。」夫欲
知其子，視其友，欲知其君，視其所使。伯玉不賢，故所使過也。《春
秋》之義，為賢者諱，亦貶纖介之惡。今不非而諱，貶纖介安所施
哉？……（《論衡校釋》，卷9，頁424～425）
可見王充並非不知《穀梁傳》有三諱之說，只是他所強調的是貶纖介之惡而
已。不知後者當指一般情形來說，三諱則是特殊情形下的處世態度。
〔註27〕朱熹著，《四書章句集注》，頁146。
〔註28〕《四書章句集注》，頁146。
〔註29〕《四書章句集注》，頁291。
〔註30〕《四書章句集注》，頁263。

二、適偶說與命定論的商榷

王充一生的事業，主要有兩個項目：一為仕宦，二為著作。本節將討論前者與其處世觀的種種問題。王充在〈自紀篇〉中述其性情云：

> 才高而不尚苟作，口辯而不好談對，非其人，終日不言。其論說始若詭於眾，**極聽其終，眾乃是之**。以筆著文，亦如此焉；操行事上，亦如此焉。〔註31〕

又云：

> 充為人清重，遊必擇友，不好苟交。所友位雖微卑，年雖幼稚，行苟離俗，必與之友。好傑友雅徒，**不氾結俗材**。俗材因其微過，蜚條陷之；然終不自明，亦不非怨其人。〔註32〕

按：從這兩段話看來，王充是一個不善於交際的人。對於從政的人來說，這是個很嚴重的缺點。相對於王充，王導（276～339）是此中的佼佼者。《世說新語‧政事篇》云：

> 王丞相拜揚州，賓客數百人並加霑接，人人有悅色。唯有臨海一客姓任，及數胡人為未洽。公因便還，到過任邊云：「君出，臨海便無復人。」任大喜悅。因過胡人前，彈指云：「蘭闍，蘭闍。」羣胡同笑，四坐並懽。〔註33〕

從以上的對照中，可以明顯的看出王充不是一個理想的從政人才。又所謂「極聽其終，眾乃是之。」顯然具有誇大的成分，假如王充的看法真能經常獲得同僚及長上的同意，則他的仕宦生涯應該相當順利才合理。然而事實上並非如此，〈對作篇〉云：

> 建初孟年，中州頗歉，潁川、汝南民流四散。聖主憂懷，詔書數至。《論衡》之人，奏記郡守，宜禁奢侈，以備困乏。言不納用，退題記草，名曰〈備乏〉。酒麋五穀，生起盜賊；沉湎飲酒，盜賊不絕，奏記郡守，禁民酒。退題記草，名曰〈禁酒〉。〔註34〕

由此可知王充向太守陳述備乏、禁酒的意見，未見採用，所以退而作了〈備乏〉、〈禁酒〉兩篇。又當時地方政府的僚屬，由儒生和文吏兩種人材構成。王

〔註31〕《論衡校釋》，卷30，頁1188～1189。
〔註32〕《論衡校釋》，卷30，頁1190。
〔註33〕楊勇著，《世說新語校箋》（修訂本）（臺北：正文書局，2000年5月），頁156。
〔註34〕《論衡校釋》，卷29，頁1181～1182。

充在〈程才〉、〈量知〉、〈謝短〉、〈效力〉等篇中，用大量的篇幅，討論儒生和文吏兩種人材的長短處及其對立情形（說詳本書第陸篇第三節）。王充既以儒生進用，又不善於「氾結俗材」，他的意見當然不可能常為文吏贊同。所以「眾乃是之」一句顯有誇飾的成分，不然，則此「眾」字當係其所擇「雅徒」，太守、文吏不在其中。〈自紀篇〉類似誇大的地方尚多，此處不必一一細論。不過就此一例已足以看出，在涉及自身時，王充無法完全做到明辨然否，敘事精確。

關於王充的仕宦情形，〈自紀篇〉云：

> 在縣位至掾功曹；在都尉府位亦掾功曹；在太守為列掾五官功曹行事；入州為從事。〔註35〕

以上總敘，以下敘述其間波折，以及王充面對挫折時如何自解：

> 見汙傷，不肯自明；位不進，亦不懷恨。貧無一畝庇身，志佚於王公；賤無斗石之秩，意若食萬鍾。得官不欣，失位不恨。

> 俗材因其微過，蜚條陷之；然終不自明，亦不非怨其人。……孔子稱命，孟子言天，吉凶安危，不在於人。昔人見之，故歸之於命，委之於時，浩然恬忽，無所怨尤。福至不謂己所得，禍到不謂己所為，……不鬻智以干祿，不辭爵以弔名，不貪進以自明，不惡退以怨人。……遭十羊勝，謂之無傷。動歸於天，故不自明。

> 充性恬澹，不貪富貴。為上所知，拔擢越次，不慕高官。不為上所知，貶黜抑屈，不恚下位。比為縣吏，無所擇避。

> **充仕數不耦**，而徒著書自紀。或虧曰：〔註36〕「所貴鴻材者，仕宦耦合，身容說納，事得功立，故為高也。今吾子涉世落魄，仕數黜斥，材未練於事，力未盡於職，故徒幽思屬文，著記美言，何補於身？眾多欲以何趨乎？」答曰：「……且達者未必知，窮者未必愚。遇者則得，不遇失之。故夫命厚祿善，庸人尊顯；命薄祿惡，奇俊落魄。必以偶合稱材量德，則夫專城食土者，材賢孔、墨。……」

〔註35〕《論衡校釋》，卷30，頁1189。
〔註36〕孫詒讓著，《札迻》（北京：中華書局，1989年1月，頁294）：「『虧』當為『戲』。」

充以元和三年（86 年），徙家辟（難），〔註37〕詣揚州部丹陽、九江、
廬江。後入為治中，材小任大，職在刺割。筆札之思，歷年寢廢。
章和二年（88 年），罷州家居。年漸七十，時可懸輿。仕路隔絕，
志窮無如。〔註38〕

根據上引資料，可知王充的仕宦生涯並不順利。然則在「仕數不耦」的情形
下，王充採取的是何種處世觀？據上引〈自紀篇〉及《論衡》其他各篇來看，
王充提出了適偶說和命定論，用來解釋個人地位何以有貴賤高低之差異，境
遇何以有窮達禍福之不同，並藉此得以自我排遣（順著命定論推衍，王充認
為國運也是命定的）。有關這兩種說法的詳細論析，詳見本書第玖篇：〈《論衡》
立說自相矛盾析論〉。本篇則僅簡述其大意，而將重點置於得失的批評上，以
免不必要的重複。

關於適偶說，〈逢遇篇〉云：

處尊居顯，未必賢，遇也；位卑在下，未必愚，不遇也。〔註39〕

〈幸偶篇〉云：

凡人操行，有賢有愚，及遭禍福，有幸有不幸。舉事有是有非，及
觸賞罰，有偶有不偶。並時遭兵，隱者不中；同日被霜，蔽者不傷。
中傷未必惡，隱蔽未必善，隱蔽幸，中傷不幸。俱欲納忠，或賞或
罰；並欲有益，或信或疑。賞而信者未必真，罰而疑者未必偽，賞
信者偶，罰疑不偶也。〔註40〕

由上可知王充是把人生地位的高下，以及遭遇的禍福，歸因於偶然性的遇與
不遇，幸與不幸，偶與不偶，和個人操行的清濁，及聰明才智的高低無關。這
就是適偶說的內涵。

關於命定論，王充把適偶說也一併括進了命定的大框框中。〈命祿篇〉
云：

凡人遇偶及遭累害，皆由命也。有死生壽夭之命，亦有貴賤貧富之
命。自王公逮庶人，聖賢及下愚，凡有首目之類，含血之屬，莫不
有命。命當貧賤，雖富貴之，猶涉禍患，（失其富貴）矣。命當富

〔註37〕黃氏《校釋》：「《書抄》、《意林》、《御覽》引並作『徙家避難』，則『辟』下
今脫『難』字。」
〔註38〕分見《論衡校釋》，卷 30，頁 1190～1191、1204、1207～1208。
〔註39〕《論衡校釋》，卷 1，頁 1。
〔註40〕《論衡校釋》，卷 2，頁 37。

貴，雖貧賤之，猶逢福善，（離其貧賤）矣。〔註41〕故命貴從賤地自達，命賤從富位自危。故夫富貴若有神助，貧賤若有鬼禍。命貴之人，俱學獨達，並仕獨遷；命富之人，俱求獨得，並為獨成。貧賤反此：難達，難遷，難得，〔註42〕難成；獲過受罪，疾病亡遺，失其富貴，貧賤矣。……故夫臨事知愚，操行清濁，性與才也；仕宦貴賤，治產貧富，命與時也。命則不可勉，時則不可力，知者歸之於天。〔註43〕

不僅個人有貴賤禍福之命，國也有盛衰治亂之命。〈治期篇〉云：

孔子曰：「道之將行也與，命也；道之將廢也與，命也。」由此言之，教之行廢，國之安危，皆在命時，非人力也。……故世治非賢聖之功，衰亂非無道之致。……〔註44〕

以上就是命定論的大意。

適偶之與命定，顯然是矛盾的。但王充卻硬是把這兩種矛盾的說法結合起來，用以解釋人生何以有地位高低，遭遇禍福的不同現象。〈偶會篇〉云：

命，吉凶之主也，自然之道，適偶之數，非有他氣旁物厭勝感動使之然也。……丈夫有短壽之相，娶必得早寡之妻；早寡之妻，嫁亦遇夭折之夫也。……非相賊害，命自然也。……故軍功之侯，必斬兵死之頭；富家之商，必奪貧室之財。……故厲氣所中，必加命短之人；凶歲所著，必饑虛耗之家矣。〔註45〕

在王充看來，這許多「必」，既是偶然，又是命定。這層意思，在說明子胥伏劍、屈原自沉時尤為明白。〈偶會篇〉云：

偶二子命當絕，子蘭、宰嚭適為讒，而懷王、夫差適信姦也。君適不明，臣適為讒，二子之命，偶自不長，二偶三合，似若有之，其實自然，非他為也。〔註46〕

在這一段裏，命定與適偶同樣的被王充矛盾的結合著。

〔註41〕孫氏《舉正》（卷1，頁1下）：「《文選》劉孝標〈辯命論〉，注引『猶涉禍患』下，有『失其富貴』一句；『猶逢福善』下，有『離其貧賤』一句。今本誤脫，當據補。」

〔註42〕孫氏《舉正》（卷1，頁1下）：「『難遷』下脫『難得』二字。」

〔註43〕《論衡校釋》，卷1，頁20。

〔註44〕《論衡校釋》，卷17，頁769、771。

〔註45〕《論衡校釋》，卷3，頁99、104、107。

〔註46〕《論衡校釋》，卷3，頁99。

　　王充既在仕途上沉頓不得志，遂藉適偶說與命定論來自我排解。〈自紀篇〉說：「孔子稱命，孟子言天，吉凶安危，不在於人。昔人見之，故歸之於命，委之於時，浩然恬忽，無所怨尤。福至不謂己所得，禍到不謂己所為。……動歸於天，……」「且達者未必知，窮者未必愚。遇者則得，不遇失之。故夫命厚祿善，庸人尊顯；命薄祿惡，奇俊落魄。」〔註47〕即其明證。就王充自身來說，這反映了他的無奈。因為無論適偶說與命定論，都說明了個人對主宰自身前途的無力感。依據適偶說，人生的窮達禍福是偶然來的，與個人的清濁賢愚無關，所以個人毫無選擇的餘地。依照命定論，則人的未來發展是前定的，個人全無自作主宰的可能。這兩種說法對王充都具有安慰作用，每個人的境遇既然都是由命或偶然因素來決定，則他對自己在仕途上的失意也就可以「浩然恬忽，無所怨尤」了！〔註48〕

　　至於命定論的害處，墨子早就已經指明。〈非命下〉云：

> 今也王公大人之所以蚤朝晏退，聽獄治政，終朝均分，而不敢怠倦者何也？曰：彼以為強必治，不強必亂；強必寧，不強必危，故不敢怠倦。……今雖毋在乎王公大人，藉若信有命而致行之，則必怠乎聽獄治政矣，卿大夫必怠乎治官府矣，農夫必怠乎耕稼樹藝矣，婦人必怠乎紡績織紝矣。王公大人怠乎聽獄治政，卿大夫怠乎治官府，則我以為天下必亂矣。農夫怠乎耕稼樹藝，婦人怠乎紡織績紝，則我以為天下衣食之財，將必不足矣。若以為政乎天下，上以事天鬼，天鬼不使；下以持養百姓，百姓不利，必離散不可得用也。是以入守則不固，出誅則不勝，故雖昔者三代暴王，桀、紂、幽、厲之所以共抎其國家，傾覆其社稷者，此也。〔註49〕

近人的批評，則以蕭公權（1897～1981）最為扼要。蕭氏《中國政治思想史》云：

> 善行不能造命，而神仙方術，亦並無回天之力。「形不可變化，命不可減加。」「天無上升之路，」海無「不死之藥」。行善於身何益？求仙更為徒勞。然則人類生活之中殆不復有希望之餘地矣。〔註50〕

〔註47〕《論衡校釋》，卷30，頁1190～1191、1204。
〔註48〕《論衡校釋》，卷30，頁1190。
〔註49〕孫詒讓著，《墨子閒詁》（臺北：河洛圖書出版社，1975年5月），卷9〈非命下〉，頁23～26。
〔註50〕蕭公權著，《中國政治思想史》（臺北：聯經出版事業公司，1982年3月），頁373。

關於適偶說的缺陷，可藉徐復觀的批評來說明。徐氏〈王充論考〉云：

> 他實際所感受的人生，都是偶然性的人生。他所強調的自然，也是
> 偶然的性格。「偶然」的觀念，貫通於他整個思想之中。……王充雖
> 然在〈命祿篇〉說：「凡人遇偶及遭累害，皆由命也。」但究不如〈命
> 義篇〉所說的：「故夫遭遇幸偶，或與命祿並，或與命祿離」二語之
> 為確當。把生命完全安放在命運裏面的人生，實即把生命安放在偶
> 然裏面的人生，也即是一種漂泊無根的人生，這是命運論自身的否
> 定。〔註51〕

按：徐氏把王充的適偶說歸併入命運論中，所以這段話同時可視為徐氏對命
定論的批評。

實際上王充的一生仍然表現得很積極，這是因為他並未全然委任偶然與
命運。〈命祿篇〉云：

> 天命難知，人不耐（能）審，雖有厚命，猶不自信，故必求之也。……
> 有求而不得者矣，未必不求而得之者也。精學不求貴，貴自至矣；
> 力作不求富，富自到矣。〔註52〕

求的觀念雖與適偶說及命定論矛盾，但正因為有求的觀念，使王充的生活依
舊充滿了朝氣。徐復觀〈王充論考〉云：

> 按順著王充的命運論，……可以引出一個結論來，即是人應當完全
> 過著安命的生活。但他在〈命祿篇〉又提出一「求」字來；求必有
> 求的線索，於是他把與命運完全切斷了的行為，又重新搭上一條線，
> 以為求命的線索；這固然是他思想的矛盾，也可以說是他的思想的
> 缺口。因為有了這一點缺口，才不至把人生完全悶死在命運的乾坤
> 袋裏，而王充本人，依然表現出十分積極性的人生。〔註53〕

按：王充在仕途上既屢經波折，發展的希望微乎其微，然則他能有效追求的
是什麼？簡單的說，就是依靠著書立說來求「名傳於千載」（〈自紀篇〉文，說
詳下節）。

從以上的討論中，我們可以清楚的看出，無論是適偶說或命定論，均非
健全的處世觀。不過當我們認識到這是王充在仕途沉頓的無奈中所作的自我

〔註51〕《兩漢思想史》卷2，頁634、635。
〔註52〕《論衡校釋》，卷1，頁26。
〔註53〕《兩漢思想史》卷2，頁633～634。

排遣時，雖然不能苟同，但無妨對他作同情的瞭解。

三、文人地位及文章價值的肯定

王充在仕途上既不得志，於是轉而從事「著書自紀」，期望能達到「名傳於千載」的地步。這份心願，與明辨然否，力求精確的心態，同為著作《論衡》的主要動力。〈自紀篇〉云：

> 充仕數不耦，**而徒著書自紀**。……高士所貴，不與俗均，故其名稱不與世同。身與草木俱朽，聲與日月並彰，行與孔子比窮，文與楊雄為雙，吾榮之。身通而知困，官大而德細，於彼為榮，於我為累。偶合容說，身尊體佚，百載之後，與物俱歿，名不流於一嗣，文不遺於一札，官雖傾倉，文德不豐，非吾所臧。德汪濊而淵懿，知滂沛而盈溢，筆瀧漉而雨集，言溶窟而泉出，〔註54〕富材羨知，貴行尊志，體列於一世，名傳於千載，乃吾所謂異也。〔註55〕

把著作視為不朽的事業，對王充來說，絕非隨意偶爾說說，而是經過仔細思量後的結論。〈定賢篇〉檢討了種種衡量賢材的標準，可視為王充思索個人究應依從何種價值的心路歷程。以下分條列舉王充檢討過的衡定人材的標準：

1. 以仕宦得高官，身富貴為賢。
2. 以事君調合寡過為賢。
3. 以朝庭選舉皆歸善為賢。
4. 以人眾所歸附，賓客雲合者為賢。
5. 以居位治人，得民心歌詠之為賢。
6. 以居職有成功見效為賢。
7. 以孝於父、弟於兄為賢。
8. 以全身免害，不被刑戮，若南容懼〈白圭〉者為賢。
9. 以委國去位，棄富貴就貧賤為賢。
10. 以避世離俗，清身潔行為賢。
11. 以恬澹無欲，志不在於仕，苟欲全身養性為賢。
12. 以舉義千里，師將朋友無廢禮為賢。

〔註54〕孫氏《舉正》（卷4，頁36下）：「『溶』當作『潚』，形近之誤。『潚窟』疊韻連語，涌出之貌。」
〔註55〕《論衡校釋》，卷30，頁1204～1205。

13. 以經明帶徒聚眾為賢。

14. 以通覽古今，祕隱傳記無所不記為賢。

15. 以權詐卓譎，能將兵御眾為賢。

16. 以辯於口，言甘辭巧為賢。

17. 以敏於筆，文墨雨集為賢（按：王充此處所謂「筆」，指文法吏處理官曹事及獄事的文書而言）。

18. 以敏於賦頌，為弘麗之文為賢。

19. 以清節自守，不降志辱身為賢。

20. 以無一非者為賢。〔註56〕

由此可見王充考慮的方面相當廣泛，他的考慮結果是否定這些衡量賢者的標準（王充的取捨是非如何，是另一問題，本文姑且不論），唯獨肯定立言的價值。他說：

> 故孔子不王，作《春秋》以明意。案《春秋》虛文業，以知孔子能王之德。孔子，聖人也。有若孔子之業者，雖非孔子之才，斯亦賢者之實驗也。〔註57〕

所謂孔子之業，此處專指作《春秋》而言，這是很可注意的一件事。

王充對於文人地位及文章價值的肯定，在《論衡》其他各篇有更為詳細的說明。王充把繁文之人視為人中之傑，並且把文人及文章認作聖世之驗。〈超奇篇〉云：

> 筆能著文，則心能謀論。文由胸中而出，心以文為表；觀見其文，奇偉俶儻，可謂得論也。由此言之，繁文之人，人之傑也。〔註58〕

又云：

> 文章之人，滋茂漢朝者，乃夫漢家熾盛之瑞也。天晏，列宿煥炳；陰雨，日月蔽匿。方今文人並出見者，乃夫漢朝明明之驗也。〔註59〕

〈佚文篇〉云：

> 文人之休，國之符也。望豐屋知名家，睹喬木知舊都。鴻文在國，聖世之驗也。孟子相人以眸子焉，心清則眸子瞭。瞭者，目文瞭也。

〔註56〕《論衡校釋》，卷27，頁1103～1107、1109～1119。

〔註57〕《論衡校釋》，卷27，頁1121。

〔註58〕《論衡校釋》，卷13，頁609。

〔註59〕《論衡校釋》，卷13，頁616。

夫候國占人，同一實也。國君聖而文人聚，人心惠而目多采。蹂蹋
文錦於泥塗之中，聞見之者，莫不痛心。**知文錦之可惜，不知文人
之當尊，不通類也。**〔註60〕

由上引文末三句看來，可知當時的人未必重視文人，正如司馬遷〈報任安書〉
所說：「文史星曆，近乎卜祝之間，固主上所戲弄，倡優畜之，流俗之所輕也。」
〔註61〕王充引述了當時或人的輕視，並且加以反駁。〈別通篇〉云：

或曰：「通人之官，蘭臺令史，職校書定字，比夫太史、太祝，職在
文書，無典民之用，不可施設。是以蘭臺之史，班固、賈逵、楊終、
傅毅之徒，名香文美，委積不緥，（無）大用於世。」〔註62〕曰：「此
不緥。〔註63〕周世通覽之人，鄒衍之徒，孫卿之輩，受時王之寵，
尊顯於世。董仲舒雖無鼎足之位，知在公卿之上。周監二代，漢監
周、秦。然則蘭臺之官，國所監得失也。以心如丸卵，為體內藏；
眸子如豆，為身光明。令史雖微，典國道藏，通人所由進，猶博士
之官，儒生所由興也。委積不緥，豈聖國微遇之哉？殆以書未定而
職未畢也。」〔註64〕

在這段話裏，王充抬高了班固等人的地位，〈案書篇〉提到了更多的文人及其
著作，並且認為今人之文不讓古書。他說：

夫俗好珍古不貴今，謂今之文不如古書。夫古今一也，才有高下，
言有是非，不論善惡而徒貴古，是謂古人賢今人也。案東番鄒伯奇、
臨淮袁太伯、袁文術、會稽吳君高、周長生之輩，位雖不至公卿，
誠能知之囊橐，文雅之英雄也。觀伯奇之《元思》，太伯之《易章句》，
文術之〈咸銘〉，君高之《越紐錄》，長生之《洞歷》，劉子政、揚子
雲不能過也。善才有淺深，〔註65〕無有古今；文有偽真，無有故新。
廣陵陳子迴、顏方，今尚書郎班固，蘭臺令楊終、傅毅之徒，雖無
篇章，賦頌記奏，文辭斐炳，賦象屈原、賈生，奏象唐林、谷永，
並比以觀好，其美一也。當今未顯，使在百世之後，則子政、子雲

〔註60〕《論衡校釋》，卷20，頁868。
〔註61〕《漢書》，卷62〈司馬遷傳〉，頁2732。
〔註62〕黃氏《校釋》引吳承仕曰：「『大』字上脫一『無』字。」
〔註63〕黃氏《校釋》：「『緥』疑當作『然』。」
〔註64〕《論衡校釋》，卷13，頁603～605。
〔註65〕孫氏《舉正》（卷4，頁34）：「『善』疑『蓋』字之誤。」

之黨也。韓非著書，李斯采以言事；楊子雲作《太玄》，侯鋪子隨而宣之。非、斯同門，雲、鋪共朝，覲奇見益，不為古今變心易意。……〔註66〕

王充抬高著作者的地位，把著作視為定賢的標準，實際上等於對自我的肯定。

關於文章價值的高下，王充以能否為世所用，是否有益於教化作為評判的準則。他在〈自紀篇〉中說：「為世用者，百篇無害；不為用者，一章無補。」〔註67〕在〈定賢篇〉中否定敏於賦頌為衡量賢者的標準，是因他認為司馬相如、揚雄的作品，雖「文麗而務巨，言眇而趨深，然而不能處定是非，辯然否之實。雖文如錦繡，深如河、漢，民不覺知是非之分，無益於彌為（偽）崇實之化。」〔註68〕他在〈對作篇〉裏歷述聖賢著書的功用說：

> 聖人作經，藝（賢）者傳記，匡濟薄俗，驅民使之歸實誠也。案《六略》之書，萬三千篇，增善消惡，割截橫拓，驅役遊慢，期便道善，歸正道焉。孔子作《春秋》，周民弊也。故采求毫毛之善，貶纖介之惡，撥亂世，反諸正，人道浹，王道備，所以檢柙靡薄之俗者，悉具密致。夫防決不備，有水溢之害；網解不結，有獸失之患。是故周道不弊，則民不文薄；民不文薄，《春秋》不作。楊、墨之學不亂傳義，則孟子之傳不造；韓國不小弱，法度不壞廢，則韓非之書不為；高祖不辨得天下，馬上之計未轉，則陸賈之語不奏；眾事不失實，凡論不壞亂，則桓譚之論不起。故夫賢聖之興文也，**起事不空為，因因不妄作；作有益於化，化有補於正**。〔註69〕

「起事不空為，因因不妄作；作有益於化，化有補於正」。即是「為世用」的另一種說法。依據這種立場，王充對他自己的著作也作了一番評價。〈對作篇〉云：

> 〈政務〉為郡國守相、縣邑令長，陳通政事所當尚務，欲令全民立化，奉稱國恩。《論衡》九虛、三增，所以使俗務實誠也；〈論死〉、〈訂鬼〉，所以使俗薄喪葬也。……今著〈論死〉及〈死偽〉之篇，

〔註66〕《論衡校釋》，卷29，頁1173～1175。
〔註67〕《論衡校釋》，卷30，頁1202。
〔註68〕《論衡校釋》，卷27，頁1117。前引〈案書篇〉則又肯定陳子迴、顏方、班固、楊終、傳毅所作賦頌記奏的價值，與〈定賢篇〉說法相違。《論衡》尚多此類前後不能互相照應的缺點，說詳本書第玖篇：〈論衡立說自相矛盾析論〉。
〔註69〕《論衡校釋》，卷29，頁1177～1178。

明死無知，不能為鬼，冀觀覽者將一曉解約葬，更為節儉，斯蓋《論衡》有益之驗也。〔註70〕

〈自紀篇〉也有類似的話，詳本篇第一節第四則引文。王充既然自認他的著作能為世用，有益風俗教化，豈非間接在說他的著作與聖賢之文具有同等的價值！所以王充稱道聖賢著書的功用，實際上也是等於對自我的肯定。

另外值得注意的是，王充極為重視文章的傳記功能及勸善懲惡的作用。〈佚文篇〉云：

> 天文人文文，豈徒調墨弄筆，為美麗之觀哉？〔註71〕載人之行，傳人之名也。善人願載，思勉為善；邪人惡載，力自禁裁。然則文人之筆，勸善懲惡也。諡法所以章善，即以著惡也。加一字之諡，人猶勸懲，聞知之者，莫不自勉。況極筆墨之力，定善惡之實，言行畢載，文以千數，傳流於世，成為丹青，故可尊也。〔註72〕

王充又把著作者稱為文儒，說經者稱為世儒，他認為文儒比世儒高，因其能藉文章傳世，而世儒不能，必須依賴他人的記載才行。〈書解篇〉云：

> 著作者為文儒，說經者為世儒。……世儒業易為，故世人學之多；非事可析第，故官廷設其位。文儒之業，卓絕不循，人寡其書，業雖不講，門雖無人，書文奇偉，世人亦傳。彼虛說，此實篇，折累二者，孰者為賢？案古俊乂著作辭說，自用其業，自明於世。世儒當時雖尊，不遭文儒之書，其跡不傳。周公制禮樂，名垂而不滅；孔子作《春秋》，聞傳而不絕。周公、孔子，難以論言。漢世文章之徒，陸賈、司馬遷、劉子政、楊子雲，其材能若奇，其稱不由人。世傳《詩》家魯申公、《書》家千乘歐陽、公孫，〔註73〕不遭太史公，世人不聞。夫以業自顯，孰與須人乃顯？夫能紀百人，孰與廑能顯其名？〔註74〕

以上王充分從兩方面來說明文章的恆久價值：（一）文人可以憑藉自己的文章名傳後世。（二）文人可以為人作傳，使其留名後代。論到文章具有永恆價值

〔註70〕《論衡校釋》，卷29，頁1184。
〔註71〕黃氏《校釋》：「此文當作『夫文人文章，豈徒調墨弄筆，為美麗之觀哉？』」
〔註72〕《論衡校釋》，卷20，頁868～869。
〔註73〕孫氏《舉正》（卷4，頁32）：「公孫疑指公孫弘。弘傳《春秋》，非《尚書》；且本書多《詩》、《書》、《春秋》連用，公孫上當有脫文。」
〔註74〕《論衡校釋》，卷28，頁1150、1151～1152。

的文獻，後人最熟習的是曹丕（187～226）《典論・論文》：

> 蓋文章經國之大業，不朽之盛事。年壽有時而盡，榮樂止乎其身，
> 二者必至之常期，未若文章之無窮。是以古之作者，寄身於翰墨，
> 見意於篇籍，不假良史之辭，不託飛馳之勢，而聲名自傳於後。
> 〔註75〕

蔡邕（133～192）〈郭有道碑文〉也每為學者所樂道：

> 凡我四方同好之人，永懷哀悼，靡所寘念。乃相與惟先生之德，以
> 謀不朽之事。僉以為先民既沒，而德音猶存者，亦賴之於見述也。
> 〔註76〕

實際上王充早在蔡邕及曹丕之前，即已指出了文章的永恆性，只是不如他們明白扼要而已，所以在此附帶替王充表揚。

　　根據上述說明，可見王充在仕途上雖然不得意，但在著作的領域裏，他總算找到了安身立命的新天地。雖然激於不平時，他曾經提出適偶說與命定論，用以解釋人生何以有地位高低，遭遇禍福的現象，但只是一種無奈的自我排遣而已，實際上他並未淪入消沉之中。他的心力轉向著書立說方面傾注，他肯定了文人及文章的價值，為自己的生命開拓了一條坦蕩的出路，從而表現了積極的人生態度。王充所著《論衡》，計三十卷，八十五篇（中缺〈招致〉一篇，實存八十四篇），二十餘萬字。自周、秦、漢、魏以來，諸子文字之多，莫過於此書。據〈對作〉、〈自紀〉兩篇所載，他還著有〈政務〉、〈備乏〉、〈禁酒〉、〈譏俗〉、〈養性〉等書，可見他著作之宏富。〈自紀篇〉說：「年漸七十，……乃作〈養性〉之書凡十六篇。」〔註77〕黃暉所撰〈王充年譜〉，即止於七十歲。以古人的壽命來說，這是相當長壽的。王充既得壽登「古稀」，著作又如此豐富，充分證明他活得甚為起勁。學者每每歎息處世極難，人間萬事常常不如人意，王充的作法，無疑是值得參考或效法的。

〔註75〕《增補六臣註文選》（臺北：華正書局，1977 年 5 月，影印宋末刊本）卷 52，頁 965。

〔註76〕《增補六臣註文選》，卷 58，頁 1073。

〔註77〕《論衡校釋》，卷 30，頁 1208～1209。

陸、王充對韓非及文吏的批評析論

一、引言

因為《論衡》有〈問孔〉、〈刺孟〉二篇,在枝節問題上批評孔子和孟子,近年來有一些人以為王充是反儒崇法的。[註1] 實際上《論衡》還有〈非韓篇〉批評韓非。本文即擬分析王充依據何種標準來批評韓非,藉以判定王充對儒、法究竟持何種態度。王充根據他在地方上的仕宦經驗,用大量的篇幅來比較儒生和文吏的長處和短處,反映了漢代地方吏治的若干問題,以及儒、法兩家在地方政治中的對立情形。本文也擬對這些資料加以論析,藉以和〈非韓篇〉互相印證,來確定王充對儒、法兩家所持的立場。至於王充的批評得失如何,本文也將作必要的析論,以供讀者參考。

二、王充對韓非的批評

《論衡・非韓篇》對韓非學說的批評,可以歸納為三條。第一條是駁儒者無益之說。篇中先引述韓非的說法:

> 韓子之術,明法尚功。賢無益於國不加賞;不肖無害於治不施罰。

〔註1〕相關論著及目錄,參看《論衡校釋・附編》,蔣祖怡《王充卷》(鄭州:中州書畫社,1983 年)附錄,後人評述(三):「國內有關王充研究的單篇論文目錄索引」。日本學者的論著,參看鄧紅著,《王充新八論續編》:〈日本的王充研究之一──綜述篇〉、〈日本的王充研究之二──框架篇〉(北京:中國社會科學出版社,2007 年 2 月),頁 219～266。及氏著,《日本的王充《論衡》研究論著目錄編年提要》(臺北:知書房出版社,2005 年)。近年來兩岸所出的期刊和碩博士論文資料庫,可以提供更為豐富的資料。

責功重賞，任刑用誅。故其論儒也，謂之不耕而食，比之於一蠹；論有益與無益也，比之於鹿馬。馬之似鹿者千金，天下有千金之馬，無千金之鹿，鹿無益，馬有用也。儒者猶鹿，有用之吏猶馬也。〔註2〕

按：《韓非子‧五蠹篇》評儒者云：

今修文學，習言談，則無耕之勞，而有富之實；無戰之危、而有貴之尊，則人孰不為也？……是故亂國之俗，其學者則稱先王之道，以籍仁義，盛容服而飾辯說，以疑當世之法而貳人主之心。……此五者，邦之蠹也。〔註3〕

鹿馬之喻見〈外儲說右上〉：

如耳說衛嗣公，衛嗣公說而太息。左右曰：「公何為不相也？」公曰：「夫馬似鹿者而題之千金，然而有百金之馬而無一金之鹿者，〔註4〕馬為人用而鹿不為人用也。今如耳，萬乘之相也，外有大國之意，其心不在衛，雖辯智，亦不為寡人用，吾是以不相也。」〔註5〕

王充對上述說法的反駁，大義是儒生猶如禮義，禮義不可廢，所以儒者有益於人。王充先從韓非不廢禮儀引出禮義一詞：

夫韓子知以鹿馬喻，不知以冠履譬。使韓子不冠，徒履而朝，吾將聽其言也。加冠於首而立於朝，受無益之服，增無益之仕，〔註6〕言與服相違，行與術相反，吾是以非其言而不用其法也。煩勞人體，無益於人身，莫過跪拜。使韓子逢人不拜，見君父不謁（跪），〔註7〕未必有賊於身體也。然須拜謁（跪）以尊親者，禮義至重，不可失也。故禮義在身，身未必肥；而禮義去身，身未必瘠而化衰。以

〔註2〕《論衡校釋》，卷10，頁431。
〔註3〕陳奇猷著，《韓非子集釋》（臺北：河洛圖書出版社，1974年3月），卷19，頁1067、1078。
〔註4〕陶鴻慶著，《讀諸子札記》十二（北京：中華書局，1959年12月，頁378）：「『百金』、『一金』，皆當作『千金』，與上文語勢相承。」
〔註5〕《韓非子集釋》，卷13，頁725。
〔註6〕黃氏《校釋》：「『仕』字無義，疑為『行』之壞字。下文『言與服相違，行與術相反。』即承此為文。」劉氏《集解》說同。
〔註7〕黃氏《校釋》：「『謁』當作『跪』，下同。『拜』、『跪』二字，承上『莫過跪拜』為文。」

謂有益，禮義不如飲食。使韓子賜食君父之前，不拜而用，肯為之
乎？夫拜謁（跪），禮義之效，非益身之實也，然而韓子終不失者，
不廢禮義以苟益也。夫儒生，禮義也；耕戰，飲食也。貴耕戰而賤
儒生，是棄禮義求飲食也。使禮義廢，綱紀敗，上下亂而陰陽繆，
水旱失時，五穀不登，萬民饑死，農不得耕，士不得戰也。〔註8〕

按：跪拜尊親的禮儀和維持國家綱紀、上下秩序的禮義顯然不盡相同。韓非
可以不廢跪拜尊親的禮儀，至於如何維持綱紀秩序，他可以別尋途徑，不一
定非採取儒家的禮義不可。王充把這兩件事混為一談，是他思維不夠周密的
地方。接著王充從消極方面指出，禮義即使有之無益，然而無之必然有損：

故以舊防為無益而去之，必有水災；以舊禮為無補而去之，必有亂
患。儒者之在世，禮義之舊防也，有之無益，無之有損。庠序之設，
自古有之，重本尊始，故立官置吏。官不可廢，道不可棄。儒生，
道官之吏也，以為無益而廢之，是棄道也。夫道無成效於人，成效
者須道而成。然足蹈路而行，所蹈之路，須不蹈者；身須手足而動，
待不動者。故事或無益，而益者須之；無效，而效者待之。儒生，
耕戰所須待也，棄而不存，如何也？〔註9〕

接下來王充推測韓非所抨擊的恐怕只是「俗儒」而已，並且從正面積極的指
出儒者有益於國家及民風：

韓子非儒，謂之無益有損，蓋謂俗儒無行操，舉措不重禮，以儒名
而俗行，以實學而偽說，貪官尊榮，故不足貴。夫志潔行顯，**不徇
爵祿，去卿相之位若脫躧者**，居位治職，功雖不立，此禮義為業者
也。國之所以存者，禮義也。民無禮義，傾國危主。今儒者之操，
重禮愛義，率無禮之士，激無義之人，人民為善，愛其主上，此亦
有益也。聞伯夷風者，貪夫廉，懦夫有立志；聞柳下惠風者，薄夫
敦，鄙夫寬。此上化也，非人所見。〔註10〕

按：孔子對子夏說：「女為君子儒，無為小人儒！」〔註11〕所謂「小人儒」當
即是「俗儒」，《荀子・儒效篇》對「俗儒」作了詳盡的描述，並且加以嚴厲的

〔註 8〕《論衡校釋》，卷10，頁431～433。
〔註 9〕《論衡校釋》，卷10，頁433～434。
〔註10〕《論衡校釋》，卷10，頁434。
〔註11〕《論語・雍也篇》，見《四書章句集注》，頁117。

批判。〔註12〕所以自孔子以來，即已對「俗儒」不滿，不待韓非越俎代庖來非議。而且〈五蠹篇〉明白的說「明主之國，無書簡之文，以法為教；無先王之語，以吏為師。」以為亂國之俗，其學者才「稱先王之道」。〔註13〕韓非在〈姦劫弒臣篇〉中明白的反對仁義惠愛：

> 世之學術者說人主，不曰「乘威嚴之勢以困姦衺之臣」，而皆曰「仁義惠愛而已矣」。世主美仁義之名而不察其實，是以大者國亡身死，小者地削主卑。何以明之？夫施與貧困者，此世之所謂仁義；哀憐百姓不忍誅罰者，此世之所謂惠愛也。夫有施與貧困，則無功者得賞；不忍誅罰，則暴亂者不止。國有無功得賞者，則民不外務當敵斬首，內不急力田疾作，皆欲行貨財、事富貴、為私善、立名譽，以取尊官厚俸。故姦私之臣愈眾，而暴亂之徒愈勝，不亡何待？夫嚴刑者，民之所畏也；重罰者，民之所惡也。故聖人陳其所畏以禁其衺，設其所惡以防其姦，是以國安而暴亂不起。吾以是明仁義愛惠之不足用，而嚴刑重罰之可以治國也。〔註14〕

〈說疑篇〉反對仁義智能：

> 今世皆曰：「尊主安國者，必以仁義智能。」而不知卑主危國者之必以仁義智能也。故有道之主，遠仁義，去智能，服之以法。是以譽廣而名威，民治而國安，知用民之法也。〔註15〕

凡此均是針對儒家的主張而發，所以韓非反儒的立場極為明顯，並非只是反對「俗儒」而已。王充的推測，顯示他對韓非的認識不夠透徹。至於「不徇爵祿，去卿相之位若脫躧」，這種不能以爵祿羈縻，無求於君的人，正是韓非眼中的「無益之臣」、「不令之民」。〈姦劫弒臣篇〉云：

> 古有伯夷、叔齊者，武王讓以天下而弗受，二人餓死首陽之陵。若

〔註12〕《荀子·儒效篇》云：
> 逢衣淺帶，解果其冠，略法先王而足亂世，術繆學雜，不知法後王而一制度，不知隆禮義而殺《詩》、《書》，其衣冠行偽已同於世俗矣，然而不知惡者；其言議談說已無以異於墨子矣，然而明不能別；呼先王以欺愚者而求衣食焉，得委積足以掬其口，則揚揚如也；隨其長子，事其便辟，舉其上客，億然若終身之虜而不敢有他志，是俗儒者也。

見梁啟雄著，《荀子簡釋》（北京：中華書局，1983年1月），頁92～93。
〔註13〕《韓非子集釋》，卷19，頁1067、1078。
〔註14〕《韓非子集釋》，卷4，頁249～250。
〔註15〕《韓非子集釋》，卷17，頁913～914。

此臣者，不畏重誅，不利重賞，不可以罰禁也，不可以賞使也。此
之謂無益之臣也，吾所少而去也，而世主之所多而求也。〔註16〕

〈說疑篇〉云：

若夫許由、續牙、晉伯陽、秦顚頡、衛僑如、狐不稽、重明、董不
識、卞隨、務光、伯夷、叔齊，此十二人者，皆上見利不喜，下臨
難不恐，或與之天下而不取，有萃辱之名，則不樂食穀之利。夫見
利不喜，上雖厚賞無以勸之；臨難不恐，上雖嚴刑無以威之；此之
謂不令之民也。此十二人者，或伏死於窟穴，或槁死於草木，或飢
餓於山谷，或沉溺於水泉。有民如此，先古聖王皆不能臣，當今之
世，將安用之？〔註17〕

這些不受賞罰勸禁的人，韓非以為必須去除。〈外儲說右上〉云：

賞之譽之不勸，罰之毀之不畏，四者加焉不變，則其除之。〔註18〕

據此可見王充所說以禮義為業，不徇爵祿的儒者，正是韓非所痛恨的。王充
舉此為例來證明儒者有益於國家及民風，假如能起韓非於地下，必然不能令
他口服，更不用說心服了。但是從此處正足以顯示，王充和韓非的立場大相
逕庭。

王充以禮義駁韓非儒者無益之說，可能是受了荀子的影響。《荀子·儒效
篇》云：

秦昭王問孫卿子曰：「儒無益於人之國？」孫卿子曰：「儒者法先王，
隆禮義，謹乎臣子而致貴其上者也。人主用之，則埶在本朝而宜；
不用，則退編百姓而慤；必為順下矣。雖窮困凍餧，必不以邪道為
貪。無置錐之地，而明於持社稷之大義。嘄呼而莫之能應，然而通
乎財萬物，養百姓之經紀。埶在人上，則王公之材也；在人下，則
社稷之臣，國君之寶也；雖隱於窮閻漏屋，人莫不貴，貴道誠存
也。……儒者在本朝則美政，在下位則美俗。儒之為人下如是矣。」
王曰：「然則其為人上何如？」孫卿曰：「其為人上也，廣大矣！志
意定乎內，禮節脩乎朝，法則度量正乎官，忠信愛利形乎下。行一
不義，殺一無罪，而得天下，不為也。此君義信乎人矣，通於四海，

〔註16〕《韓非子集釋》，卷4，頁251。
〔註17〕《韓非子集釋》，卷17，頁917～918。
〔註18〕《韓非子集釋》，卷13，頁715。

則天下應之如讙。是何也？則貴名白而天下願也。故近者歌謳而樂之，遠者竭蹶而趨之，四海之內若一家，通達之屬，莫不從服。夫是之謂人師。《詩》曰：『自西自東，自南自北，無思不服。』此之謂也。夫其為人下也如彼，其為人上也如此，何謂其無益於人之國也！」昭王曰：「善！」〔註19〕

荀子的說法，比王充詳細充實，理路也不相同，但同樣是為了反駁儒者無益的說法，同樣把「禮義」標舉了出來，這恐怕不是偶然的巧合。無論如何，荀子和王充為儒者辯護的立場是一致的。

王充對韓非的第二條批評，是駁韓非贊同太公誅狂譎、華士，以為此二人無益有損之說。王充約舉韓非的說法云：

齊有高節之士，曰狂譎、華士。二人昆弟也，義不降志，不仕非其主。太公封於齊，以此二子解沮齊眾，開不為上用之路，同時誅之。韓子善之，以為二子無益而有損也。〔註20〕

按：此說見於《韓非子·外儲說右上》，狂譎作狂矞，內容與王充所述略有出入：

太公望東封於齊，齊東海上有居士曰狂矞、華士，昆弟二人者立議曰：「吾不臣天子，不友諸侯，耕作而食之，掘井而飲之，吾無求於人也。無上之名，無君之祿，不事仕而事力。」太公望至於營丘，使吏執殺之，以為首誅。……太公望曰：「……彼不臣天子者，是望不得而臣也。不友諸侯者，是望不得而使也。耕作而食之，掘井而飲之，無求於人者，是望不得以賞罰勸禁也。且無上名，雖知，不為望用；不仰君祿，雖賢，不為望功。不仕則不治，不任則不忠。且先王之所以使其臣民者，非爵祿則刑罰也。今四者不足以使之，則望當誰為君乎？不服兵革而顯，不親耕耨而名，又（非）所以教於國也。〔註21〕……已自謂以為世之賢士，而不為主用，行極賢而不用於君，此非明主之所臣也，……是以誅之。」〔註22〕

據此，這二人乃是「不臣天子，不友諸侯」，自耕自飲，無求於人的隱士。而王充所說「義不降志，不仕非其主。」則含有遇到明主便可能出仕的意思。不

〔註19〕《荀子簡釋》，頁79～82。

〔註20〕《論衡校釋》，卷10，頁435。

〔註21〕劉文典《韓非子簡端記》：「案藏本、今本『又』下有『非』字，是也。」收入氏著《三餘札記》（合肥：黃山書社，1990年11月），頁71。

〔註22〕《韓非子集釋》，卷13，頁722～723。

知王充是否別有所據，抑或同據這條資料而領會不同。不過就敘述狂矞、華士不肯為太公所用，以致被殺這一「事實」而言，〔註23〕雙方並無不同，所以無礙於本論題的探討。

王充對華士兄弟無益有損之說的反駁，主要理由可歸納為五點。第一點理由是以段干木之操比狂矞、華士：

> 段干木闔門不出，魏文敬之，表式其閭，秦軍聞之，卒不攻魏。使魏無干木（按：王充以為段姓，干木名，與一般說法以段干為姓不同），秦兵入境，境土危亡。……今魏文式閭門之士，卻彊秦之兵，全魏國之境，濟三軍之眾，功莫大焉，賞莫先焉。……夫狂矞、華士，段干木之類也，太公誅之，無所卻到；魏文侯式之，卻彊秦而全魏，功孰大者？使韓子善干木闔門高節魏文式之是也，〔註24〕狂矞、華士之操，干木之節也，善太公誅之，非也。使韓子非干木之行，下魏文之式，則干木以此行而有益，魏文用式之道為有功，是韓子不賞功尊有益也。〔註25〕

在這一段話裏，王充指出韓非之說自我矛盾的地方：（一）如果韓非肯定段干木的節操，那麼他贊同太公殺華士兄弟的說法就不對了。（二）如果韓非認為段干木、魏文的作法不可取，則二人的作法有益於國家，這就和韓非尊有功賞有益的主張相違背。按：以子之矛，攻子之盾，這是王充慣用的手法，批評漢代禁忌及考辨文獻記載時，王充也經常使用這種論證法。〔註26〕

第二點理由是治國之道有二：一是養德，二是養力。韓非之術不養德，必有無德之患。王充說：

〔註23〕太公誅華士兄弟，較早的記載見於《荀子‧宥坐篇》，只有「太公誅華仕」五個字，繫於孔子誅少正卯的一段記事之後，並未列舉具體的罪狀。到《韓非子‧外儲說右上》，才有華士兄弟的「立議」，以及太公對這種議論的駁斥。這件事的初型應該如《荀子‧宥坐篇》所載：「太公誅華仕」，而華仕是個隱士。韓非為解釋這一件歷史事實，遂憑空多出了華士兄弟的立議，以及太公判定華士兄弟罪狀的皇皇之論。實際上這些多出來的部分都是歷史解釋，而非歷史事實，所以是不可信從的偽史料。說詳拙文〈韓非子一書中的歷史解釋與歷史事實〉，《中山學術文化集刊》第19集（1977年3月），頁711～716。
〔註24〕此句從田宗堯《論衡校證》（臺北：國立臺灣大學文學院，1964年12月）頁89斷句。
〔註25〕《論衡校釋》，卷10，頁435～436。
〔註26〕詳見本書第柒篇第五節〈王充對漢代禁忌的批評（三）：以子之矛攻子之盾〉；第捌篇第四節〈藉異說對質指出矛盾所在〉。

> 治國之道，所養有二：一曰養德，二曰養力。養德者，養名高之人，以示能敬賢；養力者，養氣力之士，以明能用兵。此所謂文武張設，德力具足者也。事或可以德懷，或可以力摧。外以德自立，內以力自備，慕德者不戰而服，犯德者畏兵而卻。徐偃王脩行仁義，陸地朝者三十二國，彊楚聞之，舉兵而滅之。此有德守，無力備者也。夫德不可獨任以治國，力不可直任以御敵也。韓子之術不養德，偃王之操不任力，二者偏駮，各有不足。偃王有無力之禍，知韓子必有無德之患。〔註27〕

按：這段話提出了「德」字，第五點理由可與王充反駁華士兄弟無益有損之說的第五點理由相呼應，即反對韓非獨任刑不任德的主張（詳後）。任德與任刑，是儒、法的重大分別。至於王充的批評得失如何，留待討論第五點理由時一併處理。

王充所提第三點理由，以為人性不可變異，〔註28〕太公殺華士兄弟，他人的行為不會因此改變，所以無益於教化，不過空殺無辜之人罷了：

> 凡人稟性也，清濁貪廉，各有操行，猶草木異質，不可復變易也。……太公誅二子，使齊有二子之類，必不為二子見誅之故，不清其身；使無二子之類，雖養之，終無其化。堯不誅許由，唐民不皆樔處；武王不誅伯夷，周民不皆隱餓；魏文侯式段干木之閭，魏國不皆闔門。由此言之，太公不誅二子，齊國亦不皆不仕。何則？清廉之行，人所不能為也。夫人所不能為，養使為之，不能使勸；人所能為，誅以禁之，不能使止。然則太公誅二子，無益於化，空殺無辜之民。賞無功，殺無辜，韓子所非也。太公殺無辜，韓子是之，以韓子之術，〔註29〕殺無辜也。〔註30〕

王充指出：賞無功，殺無辜，是韓非所反對的；如今太公殺無辜，韓非卻贊成，豈非自相矛盾！這是王充再次運用以子之矛，攻子之盾的論證法。

王充所提第四點理由，以為太公之術乃致劫殺之法，韓非贊同它，所以

〔註27〕《論衡校釋》，卷10，頁438。
〔註28〕王充對人性的說法凡三種：（一）人的稟性不可變易。（二）中人之性可移，惟極善極惡者不可移。（三）性惡之人亦可變善。三種說法互相矛盾。說詳本書第玖篇：〈論衡立說自相矛盾析論〉第四節：〈人性論〉。
〔註29〕黃氏《校釋》：「『以』當作『是』。」
〔註30〕《論衡校釋》，卷10，頁438～439。

韓非之術也是危亡之術：

> 且不仕之民，性廉寡欲；好仕之民，性貪多利。利欲不存於心，則
> 視爵祿猶糞土矣。廉則約省無極，貪則奢泰不止。奢泰不止，則其
> 所欲，不避其主。案古篡畔之臣，希清白廉潔之人。貪，故能立功；
> 憍，故能輕生。積功以取大賞，奢泰以貪主位。太公遺此法而去，
> 故齊有陳氏劫殺之患。太公之術，致劫殺之法也。韓子善之，是韓
> 子之術亦危亡也。〔註31〕

按：韓非特重君主控御臣下之術，〔註32〕目的無非在鞏固君位而已。所以王
充說韓非之術乃是危亡之術，等於說韓非的作法和他的用意矛盾。這是王充
又一次以韓非之矛，攻韓非之盾。

王充所提第五點理由，以為天地不為亂歲去春，人君不以衰世屏德，所
以韓非獨任刑的主張有所偏失：

> 治國猶治身也。治一身，省恩德之行，多傷害之操，則交黨疎絕，
> 恥辱至身。推治身以況治國，治國之道，當任德也。韓子任刑，獨
> 以治世，是則治身之人，任傷害也。韓子豈不知任德之為善哉？以
> 為世衰事變，民心靡薄，故作法術，專意於刑也。夫世不乏於德，
> 猶歲不絕於春也。謂世衰難以德治，可謂歲亂不可以春生乎？人君
> 治一國，猶天地生萬物。天地不為亂歲去春，人君不以衰世屏德。
> 孔子曰：「斯民也，三代所以直道而行也。」周穆王之世，可謂衰矣，
> 任刑治政，亂而無功。甫侯諫之，穆王存德，享國久長，功傳於世。
> 夫穆王之治，初亂終治，非知昏於前，才妙於後也，前任蚩尤之刑，
> 後用甫侯之言也。夫治人不能捨恩，治國不能廢德，治物不能去春，
> 韓子欲獨任刑用誅，如何？〔註33〕

按：王充在第二點理由提出了「德」字，此處又反對韓非不任德，獨任刑的主
張，接觸到了法家制度的關鍵所在。秦自商鞅相孝公以來，一直是任法的，
以法家思想作為其政治制度的神髓。《韓非子・定法篇》說：「及孝公、商君
死，惠王即位，秦法未敗也。」〔註34〕所以商鞅法治思想對秦制的影響，並

〔註31〕《論衡校釋》，卷10，頁439～440。
〔註32〕參看薩孟武著，《中國政治思想史》（臺北：三民書局，1979 年 8 月增補三
版），頁136～142。
〔註33〕《論衡校釋》，卷10，頁441～443。
〔註34〕《韓非子集釋》，卷17，頁907。

不因他的去位而消失。到了秦始皇，自以為得水德，更是「剛毅戾深，事皆決於法。」（《史記・秦始皇本紀》）漢朝制度，絕大部分沿用秦制，《史記》、《漢書》凡講到漢代各種重要制度之處，必首標沿襲秦制，所以單就制度方面來說，漢朝建國，不啻是秦帝國的變相復活。〔註35〕如果王充對漢承秦制的現實具有深刻的感觸，就任德教與任刑罰的得失利弊，藉批判秦法及韓非來指桑罵槐一番，此處是一個可以大作文章的理想所在，但王充卻沒有這樣做。比較起來，賈誼及董仲舒的感受遠比王充來得深刻，而且他們都從正面直接批評朝政。賈誼《治安策》云：

> 凡人之智，能見已然，不能見將然。夫禮者禁於將然之前，而法者禁於已然之後，是故法之所用易見，而禮之所為生難知也。……人主之所積，在其取舍。以禮義治之者，積禮義；以刑罰治之者，積刑罰。……故世主欲民之善同，而所以使民善者或異。或道之以德教，或敺之以法令。道之以德教者，德教洽而民氣樂；敺之以法令者，法令極而民風哀。哀樂之感，禍福之應也。秦王之欲尊宗廟而安子孫，與湯、武同，然而湯、武廣大其德行，六七百歲而弗失，秦王治天下，十餘歲則大敗。此亡它故矣，湯、武之定取舍審而秦王之定取舍不審矣。……湯、武置天下於仁義禮樂，而德澤洽，禽獸草木廣裕，德被蠻貊四夷，累子孫數十世，此天下所共聞也。秦王置天下於法令刑罰，德澤亡一有，而怨毒盈於世，下憎惡之如仇讎，幾及身，子孫誅絕，此天下之所共見也。是非其明效大驗邪！人之言曰：「聽言之道，必以其事觀之，則言者莫敢妄言。」今或言禮誼之不如法令，教化之不如刑罰，人主胡不引殷、周、秦事以觀之也？〔註36〕

董仲舒〈賢良文學對策〉之一云：

> 天道之大者在陰陽。陽為德，陰為刑，刑主殺而德主生。是故陽常居大夏，而以生育養長為事；陰常居大冬，而積於空虛不用之處。以此見天之任德不任刑也。……王者承天意以從事，故任德教而不任刑。刑者不可任以治世，猶陰之不可任以成歲也。為政而任刑，不順於天，故先王莫之肯為也。今廢先王德教之官，而獨任執法之

〔註35〕關於漢沿秦制的原因，詳見本書第壹篇及第貳篇。
〔註36〕《漢書》，卷48〈賈誼傳〉，頁2252～2253。

吏治民，毋乃任刑之意與！孔子曰：「不教而誅謂之虐。」虐政用於下，而欲德教之被四海，故難成也。……夫萬民之從利也，如水之走下，不以教化隄防之，不能止也。是故教化立而姦邪皆止者，其隄防完也；教化廢而姦邪並出，刑罰不能勝者，其隄防壞也。古之王者明於此，是故南面而治天下，莫不以教化為大務。立大學以教於國，設庠序以化於邑，漸民以仁，摩民以誼，節民以禮，故其刑罰甚輕而禁不犯者，教化行而習俗美也。……至周之末世，大為亡道，以失天下。秦繼其後，獨不能改，又益甚之，重禁文學，不得挾書，棄捐禮誼而惡聞之，其心欲盡滅先王之道，而顓為自恣苟簡之治，故立為天子十四歲而國破亡矣。自古以倈，未嘗有以亂濟亂，大敗天下之民如秦者也。其遺毒餘烈，至今未滅，使習俗薄惡，人民嚚頑，抵冒殊扞，孰爛如此之甚者也。……今漢繼秦之後，如朽木糞牆矣，雖欲善治之，亡可奈何。法出而姦生，令下而詐起，如以湯止沸，抱薪救火，愈甚亡益也。……為政而不行，甚者必變而更化之，乃可理也。……當更化而不更化，雖有大賢不能善治也。故漢得天下以來，常欲善治而至今不可善治者，失之於當更化而不更化也。〔註37〕

至於其他兩漢儒者要求改革漢代法律的建議，此處不能一一列舉，〔註38〕以免離題。不過僅就上引賈誼、董仲舒的言論，來和王充相比，即可明顯看出，王充雖然肯定任德的重要，反對韓非獨任刑罰的主張，但批判的色彩不算很強烈。

王充對韓非的第三條批評，是駁韓非明君「求姦而誅之」的說法。王充首先引述韓非的意思說：

魯繆公問於子思曰：「吾聞龐㵎是子不孝，不孝其行奚如？」子思對曰：「君子尊賢以崇德，舉善以勸民。若夫過行，是細人之所識也，臣不知也。」子思出，子服厲伯見，君問龐㵎是子。子服厲伯對以其過，皆君子（之）所未曾聞。」〔註39〕自是之後，君貴子思而賤子

〔註37〕《漢書》，卷56〈董仲舒傳〉，頁2502、2503～2505。

〔註38〕拙著《兩漢尚書學及其對當時政治的影響》第八章〈兩漢尚書學對當時法律的影響〉，有較詳的論述。

〔註39〕孫氏《舉正》（卷2，頁6下）：「『君子』當從《韓非子》作『君之』，君對魯繆公而言，無取於君子也。蓋涉上下文諸子字而誤。」

服屬伯。韓子聞之，以非繆公，以為明君求姦而誅之，子思不以姦聞，而屬伯以姦對，屬伯宜貴，子思宜賤。今繆公貴子思，賤屬伯，失貴賤之宜，故非之也。〔註40〕

按：《韓非子·難三篇》云：

魯之公室，三世劫於季氏，不亦宜乎！明君求善而賞之，求姦而誅之，其得之一也。故以善聞之者，以說善同於上者也；以姦聞之者，以惡姦同於上者也；此宜賞譽之所力也。不以姦聞，是異於上而下比周於姦者也，此宜毀罰之所及也。今子思不以過聞，而穆公貴之，屬伯以姦聞而穆公賤之，人情皆喜貴而惡賤，故季氏之亂成而不上聞，此魯君之所以劫也。且此亡王之俗，取（鄒）、魯之民所以自美，而穆公獨貴之，不亦倒乎！〔註41〕

為反駁韓非的說法，王充又引述韓非對子產持耳目以知姦的批評，從而指出在類似的事件上，韓非的看法有互相矛盾的地方：

鄭子產晨出，過東匠之宮（按：《韓非子·難三篇》宮作閭，當從之），聞婦人之哭也，撫其僕之手而聽之。有間，使吏執而問之，手殺其夫者也。翼日，其僕問曰：「夫子何以知之？」子產曰：「其聲不慟。凡人於其所親愛也，知病而憂，臨死而懼，已死而哀。今哭夫已死，不哀而懼，是以知其有姦也。」韓子聞而非之曰：「子產不亦多事乎？姦必待耳目之所及而後知之，則鄭國之得姦寡矣。不任典城之吏，察參伍之正，不明度量，待盡聰明，勞知慮而以知姦，不亦無術乎？」韓子之非子產，是也；其非繆公，非也。夫婦人之不哀，猶龐捫子不孝也（按：當從上文作龐捫是子），非子產持耳目以知姦，獨欲繆公須問以定邪。子產不任典城之吏，而以耳（聞）定實；〔註42〕繆公亦不任吏，而以口問立誠。夫耳聞口問，一實也，俱不任吏，皆不參伍。屬伯之對不可以立實，猶婦人之哭不可以定誠矣。不可（以）定誠，〔註43〕使吏執而問之；不可以立實，不使吏考，獨信

〔註40〕《論衡校釋》，卷10，頁443～444。
〔註41〕《韓非子集釋》，卷16，頁844～845。
〔註42〕孫氏《舉正》（卷2，頁6下）：「『耳』下脫『聞』字。」
〔註43〕孫氏《舉正》（卷2，頁6下）：「當作『不可以定誠』，此脫『以』字，上下文例可證。」

屬伯口，以罪不考之姦，如何？〔註44〕

然則如何對付姦人，王充認為應從韓非所崇尚的法度著眼，法度若明，則姦
無由生：

> 夫韓子所尚者，法度也。人為善，法度賞之；惡，法度罰之。雖不
> 聞善惡於外，善惡有所制矣。……夫魯君所以劫者，以不明法度邪？
> 以不早聞姦也？夫法度明，雖不聞姦，姦無由生；法度不明，雖日
> 求姦，決其源，郭之以掌也。御者無銜，見馬且犇，無以制也。使
> 王良持轡，馬無欲犇之心，御之有數也。今不言魯君無術，而曰不
> 聞姦；不言（不）審法度，〔註45〕而曰不通下情，韓子之非繆公也，
> 與術意而相違矣。〔註46〕

「法度」的內容如何，各家原本可作不同的解釋，但王充在此卻順著韓非的
意思，把它理解為「嚴刑峻法」：

> 韓子曰：「布帛尋常，庸人不擇；爍金百鎰，盜跖不搏。」以此言之，
> 法明，民不敢犯也。設明法於邦，有盜賊之心，不敢犯矣；不測之
> 者，不敢發矣。姦心藏於胸中，不敢以犯罪法，罪法恐之也。〔註47〕
> 明法恐之，則不須考姦求邪於下矣。使法峻，民無姦者；使法不峻，
> 民多為姦。而不言明王之嚴刑峻法，而云求姦而誅之，言求姦，是
> 法不峻，民或犯之也。世不專意於明法，而專心求姦，韓子之言，
> 與法相違。〔註48〕

王充作此理解的目的，不過姑從韓非崇法之說，藉以指出韓非對魯繆公舉動
的批評，與他崇法的主張相違。表面上看來，王充在此處似乎贊同嚴刑峻法，
與他第二條批評反對韓非獨任刑互相矛盾。實際上王充在第一條批評提出禮
義，第二條提出任德，反對任刑，這些是王充的基本立場。此處以嚴刑峻法
來解釋法度，則是他引韓非之說以駁韓非。這是王充立說慣用的特殊方式，
也就是《抱朴子‧喻蔽篇》所說：「因事託規，隨時所急。」〔註49〕熊伯龍（1617

〔註44〕《論衡校釋》，卷10，頁444～446。
〔註45〕黃氏《校釋》：「『審』上疑脫『不』字。」
〔註46〕《論衡校釋》，卷10，頁444、446～447。
〔註47〕劉氏《集解》：「次『罪法』當是『明法』，上下文統作『明法』。」
〔註48〕《論衡校釋》，卷10，頁447～448。
〔註49〕葛洪著，楊明照校箋，《抱朴子外篇校箋》（北京：中華書局，1997年10月），
下冊，卷43，頁435。

～1669）所說：「有引俗論以駁俗論者。」〔註50〕這些話的意思均相似，就是王充為了駁斥某些「俗論」，有時就暫且姑從另一些「俗論」，乍看似乎矛盾，其實這是為了方便立說所採取的方式。因此須分清何者為其基本觀念，何者為其一時權宜的說法，才不致造成誤解。〔註51〕這種立說方式有利有弊，利的方面是以子之矛，攻子之盾，是有力的論辯方法；弊的方面是自己的態度有時不很明顯，乃至有滑離基本立場的危險。

綜上所述，王充反對韓非儒者無益的說法，把「禮義」特別標舉了出來，可能曾經受到荀子的影響。王充認為「治國不能廢德」，批評韓非「獨任刑用誅」的主張有所偏失。雖然和其他漢代大儒如賈誼、董仲舒等比較起來，王充反對法家的色彩不夠強烈，但他維護儒家的立場仍然極其明顯，這是可以肯定的。

三、王充對文吏的批評

王充的仕宦經歷，局限於地方。〈自紀篇〉敘述他的仕宦生涯並不順利，已詳第伍篇第二節：〈適偶說與命定論的商榷〉，本篇不再徵引。當時地方政府的僚屬，由儒生和文吏兩種人材構成。王充以儒生進用，「好傑友雅徒，不氾結俗材。俗材因其微過，蜚條陷之。」〔註52〕所謂「俗材」，當指文吏而言。王充既「不氾結俗材」，則他與這些文吏的人際關係自然不會好，乃致被他們利用他的「微過」飛書陷害。這種痛苦的經驗無疑是促使他檢討儒生和文吏關係的原動力。所以他在〈程才〉、〈量知〉、〈謝短〉、〈效力〉等篇中，用大量的篇幅討論儒生和文吏的長短處及其對立情形。內容雖有繁複叮嚀，文重詞費，以及主觀意味過濃之弊，但也在相當程度上反映了漢代地方吏治的若干問題，及儒、法兩家在地方政治的對立情形。因此本文以下擬就這兩個重點，對王充的議論加以評析，來和上節所論互相印證。

王充在比較儒生和文吏的長處和短處時，很重視他們在道德水準方面的差距。〈量知篇〉云：

夫儒生之所以過文吏者，學問日多，簡練其性，彫琢其材也。故夫

〔註50〕熊伯龍著，《無何集‧讀論衡說》（北京：中華書局，1979年9月），頁13。
〔註51〕有關王充這種立說方式的分析，本書第柒篇第六節：〈王充對漢代禁忌的批評（四）方便立說層層設問〉；第玖篇〈王充立說自相矛盾析論〉第五節：〈方便立說，姑從俗論〉。均有較詳的論述，但舉證不同，可供參考，本文不再重複。
〔註52〕《論衡校釋》，卷30〈自紀篇〉，頁1190。

> 學者所以反情治性,盡材成德也。材盡德成,其比於文吏,亦彫琢
> 者,程量多矣。……儒生不為非,而文吏好為姦者,文吏少道德,
> 而儒生多仁義也。〔註53〕

就從政來說,在下者能否秉著忠誠諫難,在上者是否樂於引用這類人才,也
與個人道德有關。〈程材篇〉云:

> 夫文吏能破堅理煩,不能守身,身則亦不能輔將(按:將指都尉,
> 或郡國守、相)。儒生不習於職,長於匡救;將相傾側,諫難不懼。
> 案世間能建蹇蹇之節,成三諫之議,令將檢身自勑,不敢邪曲者,
> 率多儒生。阿意苟取容幸,將欲放失,低嘿不言者,率多文吏。文
> 吏以事勝,以忠負;儒生以節優,以職劣。二者長短,各有所宜;
> 世之將相,各有所取。取儒生者,必軌德立化者也;取文吏者,必
> 優事理亂者也。〔註54〕

文吏何以不肯諫難,王充以為一則不能見是非,二則貪享爵祿,畏罰不敢直
言。而儒生則反之。〈量知篇〉云:

> 儒生受長吏之祿,報長吏以道;文吏空胸,無仁義之學,居住食祿,
> 終無以效,所謂「尸位素飡」者也。……居右食嘉,見將傾邪,豈
> 能舉記陳言得失乎?一則不能見是非,二則畏罰不敢直言。……文
> 吏貪爵祿,一日居位,輒欲圖利,以當資用,侵漁徇身,不為將(貪)
> 官顯義,〔註55〕雖見太山之惡,安肯揚舉毛髮之言?……儒生學大
> 義,以道事將,不可則止,有大臣之志,以經勉為公正之操,敢言
> 者也。〔註56〕

按:儒生和文吏對於諫難的態度不同,不只是個人理智上能否看出是非,道
德上是否具有擔當的問題,而且和儒、法兩家對諫諍的態度密切相關。諫諍
向為儒家所重視,甚至視為孝行之一。《孝經·諫諍章》說:「昔者天子有爭臣
七人,雖無道,不失其天下。」又說:「故當不義,則子不可以不爭於父,臣
不可以不爭於君。」〔註57〕法家則主張統制思想,杜絕臣下諫言,《商君書·

〔註53〕《論衡校釋》,卷12,頁546~547。
〔註54〕《論衡校釋》,頁534~535。
〔註55〕孫氏《舉正》(卷2,頁18):「『貪』字涉上文『貪爵祿』而衍。」
〔註56〕《論衡校釋》,卷12,頁547~548。
〔註57〕《孝經注疏》,卷15,頁3下、4上。

賞刑篇》說：「所謂壹教者，……不可獨立私議以陳其上。」〔註58〕《商君書》
雖非商鞅所作，但這些話和他治秦的手腕相合。《史記‧商君列傳》云：

> 秦民初言令不便者有來言令便者，衛鞅曰：「此皆亂化之民也。」盡
> 遷之於邊城。其後，民莫敢議令。〔註59〕

《史記‧秦始皇本紀》載李斯焚書之議云：

> 今皇帝并有天下，別黑白而定一尊。私學而相與非法教，人聞令下，
> 則各以其學議之，入則心非，出則巷議，夸主以為名，異取以為高，
> 率羣下以造謗。如此弗禁，則主勢降乎上，黨與成乎下。禁之便。……
> 〔註60〕

儒、法兩家對諫諍的態度既然如此大異其趣，所以從儒學出身的儒生和從律
令之學出身的文吏作風不同，傳統宗風相異是重要因素之一。王充既重視官
吏的道德水準，又極推崇儒生的諫難不懼，則他的崇儒立場是很明顯的。

王充指出儒生和文吏因為所習不同，影響到他們的質性，以致為官操守
不同。〈程材篇〉云：

> 蓬生麻間，不扶自直；白紗入緇，不染自黑。此言所習善惡，變易
> 質性也。儒生之性，非能皆善也，被服聖教，日夜諷詠，得聖人之
> 操矣。文吏幼則筆墨，手習而行，無篇章之誦，不聞仁義之語。長
> 大成吏，舞文巧法，徇私為己，勉赴權利；考事則受略，臨民則采
> 漁，處右則弄權，幸上則賣將。一旦在位，鮮冠利劍；一歲典職，
> 田宅并兼。性非皆惡，所習為者，違聖教也。〔註61〕

按：這段話同時也指出了當時部分地方官吏違法舞弊的情形。至於學術影響
人性的效果，《孟子‧公孫丑上》云：

> 孟子曰：「矢人豈不仁於函人哉？矢人唯恐不傷人，函人唯恐傷人。
> 巫匠亦然，故術不可不慎也。」〔註62〕

賈誼〈治安策〉論到太子教育的重要性說：

〔註58〕 朱師轍著，《商君書解詁定本》（臺北：河洛圖書出版社，1975年3月），卷
　　　　 4，頁62。
〔註59〕 《史記》，卷68〈商君列傳〉，頁2231，修訂本頁2698。
〔註60〕 《史記》，卷6〈秦始皇本紀〉，頁255，修訂本頁321。
〔註61〕 《論衡校釋》，卷12，頁545。
〔註62〕 《四書章句集注》，頁330。

夫三代之所以長久者，以其輔翼太子有此具也。及秦而不然。其俗固非貴辭讓也，所上者告訐也；固非貴禮義也，所上者刑罰也。使趙高傅胡亥而教之獄，所習者非斬劓人，則夷人之三族也。故胡亥今日即位而明日射人，忠諫者謂之誹謗，深計者謂之妖言，其視殺人若艾草菅然。豈惟胡亥之性惡哉？彼其所以道之者非其理故也。
〔註63〕

這兩段話均可與王充的說法互相發明。王充既注意到學術之可以轉移人性，而地方行政組織中又勢必不能缺少文吏，則根本之計當從文吏的養成教育著手，可惜王充未能就這點作進一步的討論。

文吏所習為簿書法令，儒生所習為《五經》，二者價值高低如何？〈程材篇〉云：

論者以儒生不曉簿書，置之於下第。法令比例，吏斷決也。文吏治事，必問法家。縣官事務，莫大法令。必以吏職程高，是則法令之家宜最為上。或曰：「固然。法令，漢家之經，吏議決焉。事定於法，誠為明矣。」曰：「夫《五經》亦漢家之所立，儒生善政，大義皆出其中。董仲舒表《春秋》之義，稽合於律，無乖異者。然則《春秋》，漢之經，孔子制作，垂遺於漢。論者徒尊法家，不高《春秋》，是闇蔽也。《春秋》《五經》，義相關穿，既是《春秋》，不大《五經》，是不通也。《五經》以道為務，事不如道，道行事立，無道不成。然則儒生所學者，道也；文吏所學者，事也。假使材同，當以道學。如比於文吏，洗浣泥者以水，燔腥生者用火。水火，道也；用之者，事也；事末於道。儒生治本，文吏理末；道本與事末比，定尊卑之高下，可得程矣。」〔註64〕

由「論者」之以法令之家為最上，參以地方首長（將）好用文吏，不喜儒生的情形：

……世俗共短之（按：指儒生）者，見將不好用也。將之不好用之者，事多己不能理，須文吏以領之也。夫論善謀材，施用累能，期於有益。文吏理煩，身役於職，職判功立，將尊其能。儒生栗栗，不能當劇；將有煩疑，不能效力。力無益於時，則官不及其身也。

〔註63〕《漢書》，卷48〈賈誼傳〉，頁2251。
〔註64〕《論衡校釋》，卷12，頁541～543。

　　將以官課材，材以官為驗，是故世俗常高文吏，賤下儒生。〔註65〕
可知自武帝罷黜百家，獨尊儒術，經公孫弘等建議為博士置弟子，並以利祿
來加以誘導，武帝制可以後，雖然說「自此以來，則公卿大夫士吏斌斌多文
學之士矣。」〔註66〕然而落實到地方政治的現實當中，還是個法家佔上風的
局面。又對於儒生缺乏辦事能力的現象，王充未能檢討儒生的養成教育，也
是一個缺憾。

　　王充既以《五經》為道本，以法令為事末，來判定二者價值的高低。因
此他進一步認為，明習法令之吏無經學素養，不能治民。〈量知篇〉說：

> 吏無經學，曰：「吾能治民。」問之曰：「何用治民？」曰：「以材能。」
> 是醫無方術，以心意治病也，百姓安肯信嚮，而人君任用使之乎？
> 手中無錢，之市（決貨），〔註67〕貨主問曰：「錢何在？」對曰：「無
> 錢。」貨主必不與也。夫胸中不（無）學，〔註68〕猶手中無錢也，
> 欲人君任使之，百姓信嚮之，奈何也？〔註69〕

按：法令即是文吏的方術或者是錢，說這種方術有害，這種錢價值不高則可，
全盤否定則近乎強詞奪理了。不過從他否定法令可以作為治民的方術，和他
評韓非獨任刑用誅不妥對照來看，則他的儒家立場就益發明顯了。

　　王充不惜文重詞費，多方比較儒生和文吏的長短處，主要還是為了仕途
不得意作自我排解。〈效力篇〉說：「使儒生博觀覽，則為文儒。文儒者，力多
於儒生。」「夫文儒之力，過於儒生，況文吏乎？」〔註70〕然而這種人仍必須
待有力之「將」薦舉始能為功，否則亦將被棄遺於衡門之下！〈效力篇〉云：

> 故夫文力之人，助（因）有力之將，〔註71〕乃能以力為功。有力無助，
> 以力為禍。……（文儒）文章滂沛，不遭有力之將援引薦舉，亦將棄
> 遺於衡門之下，固安得升陟聖主之庭，論說政事之務乎？〔註72〕

〔註65〕《論衡校釋》，卷12，頁534。
〔註66〕《史記》，卷121〈儒林列傳〉，頁3119～3120，修訂本頁3764。
〔註67〕劉文典《論衡斠補》：「『之市』下當有『決貨』二字，《御覽》兩引此文並作
　　　　『之市決貨』，是其証矣。」收入氏著《三餘札記》，頁112。
〔註68〕孫氏《舉正》（卷2，頁18下～19上）：「《北堂書鈔》八十三引『不學』作
　　　　『無學』，是也。」
〔註69〕《論衡校釋》，卷12，頁553。
〔註70〕《論衡校釋》，卷13，頁581。
〔註71〕黃氏《校釋》：「『助』，元本作『因』，當從之。」
〔註72〕《論衡校釋》，卷13，頁584。

關於援引薦用，千古以來的悲劇是才大難為用：

> 小石附於山，山力能得持之；在沙丘之間，小石輕微，亦能自安。
> 至於大石，沙土不覆，山不能持，處危峭之際，則必崩墜於坑谷之
> 間矣。大智之重，遭小才之將，無左右沙土之助，雖在顯位，將不
> 能持，則有大石崩墜之難也。或伐薪於山，輕小之木，合能束之。
> 至於大木十圍以上，引之不能動，推之不能移，則委之於山林，收
> 所束之小木而歸。由斯以論，知能之大者，其猶十圍以上木也，人
> 力不能舉薦，其猶薪者不能推引大木也。孔子周流，無所留止，非
> 聖才不明，**道大難行，人不能用也**。故夫孔子，山中巨木之類也。
> 桓公九合諸侯，一匡天下，管仲之力。管仲有力，桓公能舉之，可
> 謂壯彊矣。……殷、周之世，亂跡相屬，亡禍比肩，豈其心不欲為
> 治乎？力弱智劣，不能納至言也。……賢臣有勁彊之優，愚主有不
> 堪之劣，以此相求，禽魚相與遊也。……**論事者不曰才大道重，上
> 不能用，而曰不肖不能自達**。自達者帶絕不抗，自銜者賈賤不讎。
> 案諸為人用之物，須人用之，功力乃立。〔註73〕

按：「道大難行，人不能用也」二句，可視為王充的夫子自道。「論事者不曰才
大道重，上不能用，而曰不肖不能自達」三句，可見王充千言萬語分別儒生
和文吏的優劣，實在也是為了排解「不肖不能自達」之譏！至於沉滯的文儒
是否果然「才大」，守相及人主是否果為「力弱智劣」，緣於政治見解不同，衡
量的標準相異，評斷可能大異其趣，不必深究。由上可知王充在雄辯滔滔的
表象底下，其實隱藏著一顆極其沉痛的心靈。姑且不論他的說法是否完全妥
當，這分才士理想不遂的悲劇，畢竟是不能不令人同情傷感的！

四、結論

　　王充對韓非的批評，方面雖然不廣，對兩漢儒者極為關切的漢沿秦制的
是非問題未曾觸及，但他維護儒家的立場還是明顯可見。至於他對文吏的批
評，儒家本位的色彩尤其顯著。這種現象不僅可以證明所謂王充反儒崇法之
說靠不住，同時也可以為明代熊伯龍以來諸學者疏解〈問孔〉、〈刺孟〉為反
儒的誤會，〔註74〕提供一些新的證據。

〔註73〕《論衡校釋》，卷13，頁585～588。
〔註74〕有關這方面的其他論著，參看本書第陸篇注1。

柒、《論衡》對漢代禁忌的記載與批評

一、《論衡》所載漢代禁忌資料

　　王充著作《論衡》的主旨，他以「疾虛妄」一語來概括（〈佚文篇〉）。禁忌迷信是許多虛妄事情之一，所以書中對於漢代的禁忌迷信，有相當詳細的記載，並且逐項作了詳盡有力的批評，是研究我國古代民俗的寶貴資料。嚴格的說，應考慮這些資料的時間和空間限制。時間：王充生於光武帝建武三年，卒於和帝永元中，約當西元 27 至 104 年間。空間：王充為會稽上虞人，曾到洛陽受業大學，常遊市肆，並曾因徙家避難，至揚州部丹陽、九江、廬江。〔註 1〕不過一來因為習俗的起源往往相當久遠，同時也不易在短時間內改變。二來因為王充已經注意到「忌諱之語，四方不同。略舉通語，令世觀覽。」〔註 2〕所以我們固然應注意這些禁忌資料的時空因素，例如〈四諱篇〉說：「江北乳子，不出房室，知其無惡也。至於犬乳，置之宅外，此復惑也。江北諱犬不諱人，江南諱人不諱犬。……」〔註 3〕但因本文重點在討論王充對禁忌全體的批評，而非著重在討論某時某地的禁忌，所以從寬把這些資料視為漢代的禁忌資料來看待。

　　為了下文討論的方便，也為了使讀者對《論衡》所載漢代禁忌有一概念，以下即先分條列舉書中所述禁忌：

　　（一）諱西益宅。西益宅謂之不祥，不祥必有死亡。

〔註 1〕上述資料均見《後漢書》卷 49 本傳，及《論衡・自紀篇》。
〔註 2〕《論衡校釋》，卷 23 〈四諱篇〉，頁 979。
〔註 3〕《論衡校釋》，卷 23 〈四諱篇〉，頁 976。

（二）諱被刑為徒，不上丘墓。

（三）諱婦人乳子（產子），以為不吉。將舉吉事、入山林、遠行、度川澤者，皆不與之交通。乳子之家亦忌惡之，置之宅外，踰月乃入（此為江南習俗，江北乳子，不出房室）。

（四）諱舉正月、五月子。以為正月、五月子，殺父與母，不得舉也。

（五）作豆醬惡聞雷。

（六）諱厲（礪）刀井上。

（七）毋承屋檐而坐。

（八）毋反懸冠。

（九）毋偃寢。

（十）毋以箸相受。

（十一）毋相代掃。

（十二）《禮》曰：「毋摶飯，無流歠。」（引《禮記・曲禮上》）（以上並見〈四諱篇〉）

（十三）世信起土興功，歲月有所食。所食之地，必有死者。假令太歲在子，歲食於酉，正月建寅，月食於巳；子、寅地興功，則酉、巳之家見食矣。見食之家，作起厭勝，以五行之物，懸金木水火。假令歲月食西家，西家懸金；歲月食東家，東家懸炭。設祭祀以除其凶，或空亡徙以辟其殃。（〈調時篇〉）

（十四）葬歷曰：「葬避九空地臽，及日之剛柔，月之奇耦。」（甲丙戊庚壬為剛日，乙丁己辛癸為柔日）。日吉無害，剛柔相得，奇耦相應，乃為吉良。不合此歷，轉為凶惡。

（十五）祭祀之歷，亦有吉凶。假令血忌月殺之日固凶，[註4] 以殺牲設祭，必有患禍。

（十六）沐書曰：「子日沐，令人愛之；卯日沐，令人白頭。」

（十七）裁衣有書，書有吉凶。凶日製衣則有禍，吉日則有福。

（十八）工伎之書，起宅蓋屋必擇日。

（十九）學書諱丙日，云：「倉頡以丙日死也。」

（二十）禮不以子、卯舉樂，殷、夏以子、卯日亡也。（以上並見〈譏日篇〉）

（二十一）世俗信卜筮，故捨人議而就卜筮，違可否而信吉凶。（〈卜筮

〔註4〕黃氏《校釋》：「疑此文當作：『假令血忌月殺牲見血，凶。』」

篇》）按：行事之前，如均卜筮以問吉凶，遇凶兆則自然「忌」有動作，此點即為卜筮與禁忌之關聯。

（二十二）世俗信禍祟，以為人之疾病死亡，及更患被罪，戮辱懽笑，皆有所犯。起功、移徙、祭祀、喪葬、行作、入官、嫁娶，不擇吉日，不避歲月，觸鬼逢神，忌時相害。故發病生禍，絓法入罪，至于死亡，殫家滅門，皆不重慎，犯觸忌諱之所致也。按：起功詳（十三），祭祀詳（十五），喪葬詳（十四），移徙詳（二十七）。

（二十三）辰日不哭，哭有重喪；戊己死者，復尸有隨。

（二十四）上朔不會眾。

（二十五）「塗上之暴尸，未必出以往亡；室中之殯柩，未必還以歸忌。」按：據此，則出遠門及還歸之時，均宜選擇吉日良辰，否則其災禍或至于死亡，參見（二十二）。

（二十六）宅有盛衰，或歲破直符，均宜避之。按：〈調時篇〉云：「且夫太歲在子，子宅直符，午宅為破，不須興功起事，空居無為，猶被其害。」孫人和（1894～1966）云：「〈難歲篇〉云：『移徙之家禁南北徙者，以為歲在子位，子者破午，南北徙者抵觸其衝，故謂之凶。』……蓋相衝則破，不相衝則不破也。衝破或以死生，或以相對。支干位置，各自相對，故各有衝。各有衝，則各有破也。若太歲在丑，丑宅直符，未觸其衝，則未宅為破。太歲在寅，寅宅直符，申觸其衝，則申宅為破。……餘類此。」〔註5〕為使讀者對十二地支所居方位可以一目瞭然，茲圖示如下：

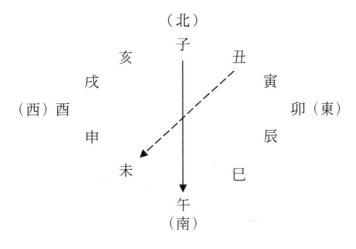

〔註5〕孫氏《舉正》，卷4，頁17。

說明：箭頭示太歲在子，子宅直符，其相對位置之午觸其衝，則午宅為破。餘可按相對位置類推。（以上並見〈辨祟篇〉）

（二十七）移徙法曰：「徙抵太歲，凶；負太歲，亦凶。抵太歲名曰歲下，負太歲名曰歲破，故皆凶也。」假令太歲在（甲）子，天下之人皆不得南北徙，起宅嫁娶亦皆避之。其移東西，若徙四維，相之如者，皆吉。何者？不與太歲相觸，亦不抵太歲之衝也。〔註6〕（〈難歲篇〉）

（二十八）圖宅術曰：「宅有八術，以六甲之名，數而第之，第定名立，宮商殊別。宅有五音，姓有五聲。宅不宜其姓，姓與宅相賊，則疾病死亡，犯罪遇禍。」按：六甲謂甲子、甲寅、甲辰、甲午、甲申、甲戌。六甲與宮、商、角、徵、羽五音及五行如何相配，詳黃氏《校釋》引《容齋隨筆》，文繁不具引。

（二十九）數宅既以甲乙，五行之家數日，亦當以甲乙。甲乙有支干，支干有加時。支干加時，專比者吉，相賊者凶。〔註7〕

（三十）五音之家，將人之姓分別歸屬宮、商、角、徵、羽五音。圖宅術曰：「商家門不宜南向，徵家門不宜北向。」則商，金；南方，火也。徵，火；北方，水也。水勝火，火賊金，五行之氣不相得，故五姓之宅，門有宜嚮。嚮得其宜，富貴吉昌；嚮失其宜，貧賤衰耗。（以上並見〈詰術篇〉）

（三十一）世間繕治宅舍，鑿地掘土，功成作畢，解謝土神，名曰「解土」。為土偶人，以像鬼形。令巫祝延，以解土神。已祭之後，心快意善，謂鬼神解謝，殃禍除去。（〈解除篇〉）按：孫氏《舉正》（卷4，頁27）云：「《後漢書·來歷傳》：『時皇太子驚病不安，避幸安帝乳母野王君王聖舍。太子乳母王男、廚監邴吉等，以為聖舍新繕修，犯土禁，不可久御。』」黃氏《校釋》：「《容齋四筆》：『今世俗營建宅舍，或小遭疾厄，皆云犯土。故道家有謝土司章醮文。』」按：「解土」與上引「犯土禁」、「犯土」相對。世俗既信犯土，故營建宅室都邑，須防觸犯忌諱。功事既畢，須延巫祝解謝土神。

依據上述資料，可知漢代禁忌，須顧慮時間者有：（四）養育子嗣，（五）作豆醬，（十三）起土興功，（十四）喪葬，（十五）祭祀，（十六）沐頭，（十七）裁衣，（十八）起宅蓋屋〔與（十三）相關〕，（十九）學書，（二十）舉樂，

〔註6〕黃氏《校釋》：「『甲』字衍。」「『若』猶『或』也。四維，四角也。」「之、如，並往也。謂相往來。」
〔註7〕黃氏《校釋》：「專比謂支干上下相生之日，賊謂上下相克之日。」

（二十二）入官、嫁娶（與前後條重複者不計），（二十三）哭親喪，（二十四）會眾，（二十五）出遠門及還家，（二十六）居宅，（二十七）移徙。須顧慮方位者有：（一）擴建住宅，（十三）起土興功，（二十六）居宅，（二十七）移徙，（三十）門向。須顧慮環境者有：（六）磨刀，（七）坐，（十四）喪葬。須顧慮身分者有：（二）刑徒不上丘墓，（三）忌與產婦往來。須顧慮行為方式者有：（八）懸冠，（九）寢臥，（十）授受，（十一）掃除，（十二）飲食。須顧慮天地鬼神者有：（二十一）行事前之卜筮，（二十二）起功、移徙、祭祀、喪葬、行作、入官、嫁娶（此條與時間、方位之顧慮混言，茲從寬全數列入）。須顧慮五行生剋者有：（十三）起土興功，（二十八）住宅，（二十九）日之吉凶，（三十）門向。以上所述各項顧忌，彼此之間關聯密切，為了認識上的方便起見，姑且如此分類。

　　《論衡》所載漢代禁忌，只是當日眾多忌諱的一部分。〈四諱篇〉云：

　　　　若夫曲俗微小之諱，眾多非一。〔註8〕

〈譏日篇〉云：

　　　　時日之書，眾多非一，略舉較著，明其是非。〔註9〕

〈辨祟篇〉云：

　　　　故人君興事，工伎滿閣；人民有為，觸傷問時。奸書偽文，由此滋生。巧惠生意，作知求利；驚惑愚暗，漁富偷貧。〔註10〕

然而已如上述之繁多，則漢代禁忌迷信風氣之盛，略可想見。

　　王充在批評禁忌的虛妄時，也曾偶而提到不須禁忌之事。這對研究漢代習俗來說，同樣是極為寶貴的資料。茲分條敘述如下：

　　1. 益東、南、北三面之宅均不凶。

　　2. 西益墓與田，不言不祥。

　　3. 出見負豕於塗，腐漸於溝，不以為凶。〔註11〕（以上見〈四諱篇〉）

　　4. 治田不忌為歲月所食。（〈譋時篇〉）

　　5. 歛尸於棺不避凶日。

　　6. 鑿溝耕園，不擇日。

〔註 8〕《論衡校釋》，卷 23，頁 979。
〔註 9〕《論衡校釋》，卷 24，頁 989。
〔註10〕《論衡校釋》，卷 24，頁 1008～1009。
〔註11〕黃氏《校釋》：「漸，死人也。」

7. 生人飲食不擇日，食六畜不避血忌月殺。

8. 屠工殺牲，不擇日之吉凶。

9. 冬月斷囚，其刑於市，不擇吉日。

10. 洗去足垢，盥去手垢，浴去身垢，不擇日。

11. 櫛髮不擇日。

12. 造冠無禁。

13. 作車不求良辰。

14. 裝車治船著蓋施帽，不擇日。（以上並見〈譏日篇〉）

15. 移徙者不避或（式）上十二神。〔註12〕（〈難歲篇〉）

16. 甲乙之術，不施於田、吏舍、鄉亭、市亭、市肆戶、州郡縣邑。

17. 人之性質，亦有五行之分。然而稟金性之人，不忌南向坐、南向行步。（按：南方，火也。火銷金）（以上見〈詰術篇〉）

以上這些不須禁忌的事，大部分是一般人平日生活上經常要做的事，或者是從事某種行業的人平日例行性的工作。既然是經常要做的事，形勢上無法擇吉而行。否則本意原在求福，福未必降臨，反而先帶來無窮的不便，甚至連平日生活的正常進行都成了問題。舉例而言：飲食如須擇日，恐將有餓死之虞！如金性人不宜南向行步，則北行之後，將無法南向歸家！無可奈何，只得卻行而返了！至於歛尸不避凶日，恐怕是禮儀及衛生上的顧慮，防其日久腐朽。

二、禁忌的性質及利弊

從探究某種禁忌的起源，王充進而分析了禁忌的性質，他把禁忌區分為義理之「禁」和吉凶之「忌」（不作此區分時則「禁」、「忌」二字混用）。被王充列為義理之禁的計有第一節（一）、（二）、（三）條，（五）至（十二）條，（十九）、（二十）條。其餘均為吉凶之忌。義理之禁具有教化的意義，吉凶之忌則純為趨吉避凶的不當迷信。這種區分，肯定了某些禁忌的價值，是很有意義的作法。它啟示我們在破除禁忌時，必須顧慮到某些教化作用隨禁忌的消除而喪失之後，應如何加以填補的問題。以下將王充所論義理之禁逐一加以介紹，關於第一節（一）條諱西益宅，〈四諱篇〉云：

　　　　實說其義，「不祥」者，義理之禁，非吉凶之忌也。夫西方，長老之

───────────
〔註12〕孫詒讓《札迻》（頁290）：「『或』疑『式』之誤。」

地,尊者之位也。尊長在西,卑幼在東。尊長,主也;卑幼,助也。
主少而助多,尊無二上,卑有百下也。西益主(宅),〔註13〕益主不
增助,二上不百下也,於義不善,故謂不祥。不祥者,不宜也。於
義不宜,未有凶也。〔註14〕

應劭《風俗通義》佚文說明西益宅的經典依據:

　　宅不西益。俗說:西者為上,上益宅者,妨家長也。原其所以西上
者,《禮記》:「南向北向,西方為上。」《爾雅》曰:「西南隅謂之
隩。」尊長之處也。不西益者,難(一作「恐」)動搖之耳。〔註15〕

關於第一節(二)條諱被刑為徒,不上丘墓,〈四諱篇〉云:

　　實說其意,徒不上丘墓有二義,義理之諱,非凶惡之忌也。徒用心
以為先祖全而生之,子孫亦當全而歸之。故曾子有疾,召門弟子曰:
「開予足!開予手!而今而後,吾知免夫。小子!」曾子重慎,臨
絕效全,喜免毀傷之禍也。孔子曰:「身體髮膚,受之父母,弗敢毀
傷。」孝者怕入刑辟,刻畫身體,毀傷髮膚,少德泊行,不戒慎之
所致也。愧負刑辱,深自刻責,故不升墓祀於先。古禮廟祭,今俗
墓祀,故不升墓,慙負先人,一義也。墓者,鬼神所在,祭祀之處。
祭祀之禮,齊戒潔清,重之至也。今已被刑,刑殘之人,不宜與祭
供侍先人,卑謙謹敬,退讓自賤之意也。緣先祖之意,見子孫被刑,
惻怛憯傷,恐其臨祀,不忍歆享,故不上墓,二義也。〔註16〕

這個禁忌有使人自愛的功用,這是它的教化意義。然而世人不知其意義,但
知遵行忌諱,反而具有反教化的作用。〈四諱篇〉云:

　　但知不可,不能知其不可之意。問其禁之者,不能知其諱;受禁行
者,亦不要其忌。〔註17〕連相放效,至或于被刑,父母死,不送
葬;若至墓側,不敢臨葬;甚失至於不行弔傷,〔註18〕見佗人之
柩。〔註19〕

〔註13〕黃氏《校釋》:「『主』當作『宅』,形誤。」
〔註14〕《論衡校釋》,卷23,頁970。
〔註15〕應劭著,王利器校注,《風俗通義校注》(臺北:明文書局,1982年4月),
　　　　頁562。
〔註16〕《論衡校釋》,卷23,頁971~972。
〔註17〕黃氏《校釋》:「『要』字難通,宋本作『曉』,是。」
〔註18〕黃氏《校釋》:「『甚』疑當作『其』,形近而誤。『傷』當作『喪』,聲近而誤。」
〔註19〕《論衡校釋》,卷23,頁970。

從這方面看來，推究禁忌的起因及其意義，是有必要的。

　　關於第一節（三）條諱婦人乳子，以為不吉，〈四諱篇〉云：

　　　實說諱忌產子、乳犬者，欲使人常自潔清，不欲使人被污辱也。夫
　　　自潔清則意精，意精則行清，行清而貞廉之節立矣。〔註20〕

　　關於第一節（五）至（十二）條，〈四諱篇〉云：

　　　若夫曲俗微小之諱，眾多非一，咸勸人為善，使人重慎，無鬼神之
　　　害，凶醜之禍。世諱作豆醬惡聞雷，一人不食，欲使人急作，不欲
　　　積家踰至春也。（世）諱屬刀井上，〔註21〕恐刀墮井中也；或說以為
　　　「刑」之字，井與刀也，屬刀井上，井、刀相見，恐被刑也。毋承
　　　屋檐而坐，恐瓦墮擊人首也。毋反懸冠，為似死人服；或說惡其反
　　　而承塵溜也。毋僵寢，為其象屍也。毋以箸相受，為其不固也。毋
　　　相代掃，為脩冢之人，冀人來代己也。諸言毋者，教人重慎，勉人
　　　為善。《禮》曰：「毋摶飯，毋流歠。」禮義之禁，未必吉凶之言也。
　　　〔註22〕

按：此段所提到的許多禁忌，實即日常生活上的禮儀規範，具有「教人重慎」
及養成生活上優雅舉止的功用。

　　關於第一節（十九）條學書諱丙日，（二十）條子、卯不舉樂，〈譏日篇〉
云：

　　　又學書諱丙日，云：「倉頡以丙日死也。」禮不以子、卯舉樂，殷、
　　　夏以子、卯日亡也。如以丙日書，子、卯日舉樂，未必有禍，重先
　　　王之亡日，悽愴感動，不忍以舉事也。忌日之法，蓋丙與子、卯之
　　　類也，殆有所諱，未必有凶禍也。〔註23〕

按：學書諱丙日，子、卯不舉樂，具有紀念先賢先王的意義。至於「忌日之
法」云云，則是據此二例推測其他忌日可能也和丙與子、卯同類。

　　至於純為趨吉避凶的其他禁忌，反映了人類企圖經由選擇時日、方位，
避免觸犯鬼神、五行等事物，來控制自身命運的一種努力。作法雖然不妥，
出發點並無不當。對於吉凶之忌，王充著重在證明其為虛妄非實。以下數節

〔註20〕　《論衡校釋》，卷23，頁977。
〔註21〕　劉文典《論衡斠補》：「『諱』上當有『世』字。」見氏著《三餘札記》，頁116。
〔註22〕　《論衡校釋》，卷23，頁979～980。
〔註23〕　《論衡校釋》，卷24，頁995～996。

評介王充批評漢代禁忌所使用的方法，多舉吉凶之忌為例。為免重複，此處從略。

王充直接批評禁忌之弊的地方不多，但都很扼要。例如本節前面所提，刑徒不上丘墓的禁忌，其失至於父母死，不送葬云云。其他如〈辨祟篇〉云：

> 我有所犯，抵觸縣官，羅麗刑法，不曰過所致，而曰家有負。居處不慎，飲食過節，不曰失調和，而曰徙觸時。死者累屬，葬棺至十，不曰氣相汙，而曰葬日凶。有事歸之有犯，無為歸之所居。居衰宅耗，蜚凶流尸，集人室居，又禱先祖，寢禍遺殃，〔註24〕疾病不請醫，更患不修行，動歸於禍，名曰犯觸。用知淺略，原事不實，俗人之材也。〔註25〕

所謂「居衰宅耗」，「集人室居」，意即「宅盛即留，衰則避之。」(〈辨祟篇〉)孫人和云：

> 古昔宅有衝破，疑及凶災；或有寢疾，疑居宅不吉，必將避之，謂之「避時」，或謂之「避衰」。〔註26〕

按：根據王充上文的批評，禁忌之弊在於使人不尋求導致吉凶禍福的真正原因，而歸因於選擇時日是否妥當，是否觸犯忌諱，嚴重的甚至妨害到教化。至於「陰陽之術，大詳而眾忌諱，使人拘而多所畏。」〔註27〕司馬談已經說得很扼要，王充雖然沒有重複說明禁忌的迷信妨害了民生活動的順利進行，但他以系統的批評來代替，破除「虛妄」的功績，無疑要比司馬談來得重大多了。

至於他在批評禁忌之時，不忘記提出義理之禁的教化意義，尤其難得，因此本文對此作較為詳細的評介。以下分節討論王充應用何種方法來批評漢代禁忌。

三、王充對漢代禁忌的批評（一）：以古駁今

由於王充著作《論衡》的主旨是「疾虛妄」，所以他對禁忌的批評是自覺而有系統的。這些批評集中在相連的八篇中：〈四諱〉、〈譋時〉、〈譏日〉、〈卜筮〉、〈辨祟〉、〈難歲〉、〈詰術〉、〈解除〉，顯然不是無意的。至於記載及批評

〔註24〕孫氏《舉正》（卷4，頁19下）引吳承仕曰：「『遺』當作『遣』，寢、遣猶解除矣。」
〔註25〕《論衡校釋》，卷24，頁1011～1012。
〔註26〕孫氏《舉正》，卷4，頁21上。
〔註27〕見《史記》，卷130〈太史公自序〉錄司馬談〈論六家要指〉。

的詳盡，也是前所未有。關於前者，已詳第一節，以下分析他所使用的批評方法。

王充所用的第一個方法是以古駁今。這是因為我們是一個好古的民族，當時社會上崇古風氣很盛。〈超奇篇〉云：

> 俗好高古而稱所聞，前人之業，菜果甘甜；後人新造，蜜酪辛苦。
> 〔註28〕

〈齊世篇〉云：

> 述事者好高古而下今，貴所聞而賤所見。

> 世俗之性，好褒古而毀今，少所見而多所聞。〔註29〕

〈案書篇〉云：

> 夫俗好珍古不貴今，謂今之文不如古書。〔註30〕

同時漢代又是一個重視經書，尊崇孔子的時代，認為《春秋》是孔子為漢制作的。〈程材篇〉云：

> 夫《五經》亦漢家之所立，儒生善政大義，皆出其中。董仲舒表《春秋》之義，稽合於律，無乖異者。然則《春秋》，漢之經，孔子制作，垂遺於漢。〔註31〕

所以如果能證明某些禁忌是聖賢不說、或經典不載、或古代所沒有的，對於禁忌迷信都是有力的駁斥。

例如第一節（二十二）條的禁忌，〈辨祟篇〉評云：

> 孔子曰：「死生有命，富貴在天。」〔註32〕苟有時日，誠有禍祟，聖人何惜不言？何畏不說？案古圖籍，仕者安危，千君萬臣，其得失吉凶，官位高下，位祿降升，各有差品。家人治產，貧富息耗，壽命長短，各有遠近。非高大尊貴舉事以吉日，下小卑賤以凶時也。以此論之，則亦知禍福死生，不在遭逢吉祥，觸犯凶忌也。〔註33〕

〔註28〕《論衡校釋》，卷13，頁615。
〔註29〕《論衡校釋》，卷18，頁809、812。
〔註30〕《論衡校釋》，卷29，頁1173。
〔註31〕《論衡校釋》，卷12，頁542～543。
〔註32〕〈命祿篇〉黃氏《校釋》：「《論語・顏淵篇》子夏之詞。……翟灝曰：『上云商聞之矣，先儒謂聞之孔子，則以為孔子語也，亦宜。』……」見《論衡校釋》，卷1，頁23～24。
〔註33〕《論衡校釋》，卷24，頁1009～1010。

按：趨吉避凶，是人類的共同願望，孔子何嘗不希望富貴？他說：「富與貴，是人之所欲也，不以其道，得之不處也。」（《論語‧里仁篇》）「富而可求也，雖執鞭之士，吾亦為之；如不可求，從吾所好。」（《論語‧述而篇》）因此如果有一種機械而簡單的方法：只要行事時選擇吉日，不觸犯禁忌，便可得到吉祥富貴，孔子何樂而不為？這樣做絲毫沒有損害到任何人，當然也不違背道德仁義。然而孔子不說，不是他不知道，便是他以為這不是趨吉避凶的可靠途徑，事涉迷信，「子不語：怪、力、亂、神。」（《論語‧述而篇》）至於「案古圖籍」云云，只是泛論。由於涉及「千君萬臣」，記載他們「舉事」時日的文獻勢必無法完備，王充自然無法提出明確的資料，所以只能泛泛的說。

在批評第一節（十四）條時，王充運用《春秋》及《禮記》的資料，指出葬曆法於古無徵。〈譏日篇〉云：

> 春秋之時，天子、諸侯、卿、大夫死以千百數。案其葬日，未必合於曆。「十月己丑，葬我小君敬嬴。」〔註34〕又曰：「雨不克葬，庚寅日中乃葬。」假令魯小君以剛日死，至葬日己丑，剛柔等矣。剛柔合，善日也；不克葬者，避雨也。如善日，不當以雨之故，廢而不用也。何則？雨不便事耳，不用剛柔，重凶不吉，欲便事而犯凶，非魯人之意，臣子重慎之義也。今廢剛柔，待庚寅日中，以晹為吉也。《禮》：「天子七月而葬，諸侯五月，卿、大夫、士三月。」〔註35〕假令天子正月崩，七月葬；二月崩，八月葬。諸侯、卿、大夫、士皆然。如驗之葬曆，則天子、諸侯葬月常奇常耦也。衰世好信禁，不肖君好求福。春秋之時，可謂衰矣！隱、哀之間，不肖甚矣！然而葬埋之日，不見所諱，無忌之故也。周文之世，法度備具，孔子意密，《春秋》義纖，如廢吉得凶，妄舉觸禍，宜有微文小義，貶譏之辭。今不見其義，無葬曆法也。〔註36〕

王充這一段議論，證明春秋時無葬曆法，證據確鑿，對於知識分子來講，具有相當大的說服力。後來唐代呂才敘《葬書》，即沿用了王充的論證法，駁斥葬曆之妄。然而唐太宗時，「葬書一術，乃有百二十家」之多！〔註37〕這種情

〔註34〕二句原脫，據黃氏《校釋》補。
〔註35〕黃氏《校釋》：「見《禮記‧王制》。」
〔註36〕《論衡校釋》，卷24，頁990～992。
〔註37〕《舊唐書》（臺北：鼎文書局，1981年），卷79〈呂才傳〉，頁2723。

形，應該與民眾教育的普及程度和水準高低有關。《禮記‧學記》清楚的說明了這個道理：「君子如欲化民成俗，其必由學乎！」「玉不琢，不成器；人不學，不知道。是故古之王者建國君民，教學為先。」〔註38〕我們有理由相信，那些迷信禁忌的愚夫愚婦絕大部分是沒有讀過《春秋》、《禮記》和《論衡》的。

在批評第一節（十三）條時，王充指出在周公作雒以及蒙恬築長城時，都沒有民眾因被歲月所食以致多死的記載。〈調時篇〉云：

> 說歲月食之家，必詮功之小大，立遠近之步數。假令起三尺之功，食一步之內；起十丈之役，食一里之外。功有小大，禍有近遠。蒙恬為秦築長城，極天下之半，則其為禍宜以萬數。案長城之造，秦民不多死。周公作雒，興功至大，當時歲月宜多食。聖人知其審食，宜徙所食地，置於吉祥之位。如不知避，人民多凶，經傳之文，賢聖宜有刺譏。今聞築雒之民，四方和會，功成事畢，不聞多死。說歲月之家，殆虛非實也。〔註39〕

根據上引文，可知起土興功，歲月食人家的說法，在先秦至少是不為官家所遵信的。王符《潛夫論‧巫列篇》云：

> ……及民間繕治微蔑小禁，本非天王所當憚也。舊時京師不防，動功造禁，以來吉祥應瑞，子孫昌熾，不能過前。〔註40〕

則說明了漢代前期，朝廷仍未遵從這種禁忌。直到東漢，朝廷所信動功的某些禁忌，可能即包括歲月食人家的說法。

根據上面所述，王充在使用「以古駁今」之法批評禁忌時，曾經指出某些禁忌是古代所不存在的，所以這些批評同時具有民俗史的功用。但在採用時，我們還必須考慮到上層社會和民間的禁忌可能不同，因而在推斷事實時應持謹慎保留的態度。

四、王充對漢代禁忌的批評（二）：反證

王充所使用的第二個批評方法是反證。他指出，從事與禁忌相反的工

〔註38〕《禮記注疏》（臺北：藝文印書館，1976年，影印嘉慶二十年〔1815〕江西南昌府學刊本），卷36，頁1上～2上。

〔註39〕《論衡校釋》，卷23，頁987。

〔註40〕王符著，汪繼培箋，彭鐸校正，《潛夫論箋》（北京：中華書局，1985年），頁306～307。

作，未必有益；遵信禁忌，未必得福；故違忌諱，未必遇禍。藉此證明吉凶與禁忌之間並無必然的因果關係。

例如對於第一節（一）條諱西益宅，〈四諱篇〉評云：

> 西益不祥，損之能善乎？西益不祥，東益能吉乎？夫不祥必有祥者，猶不吉必有吉矣。宅有形體，神有吉凶，動德致福，犯刑起禍。今言西益宅謂之不祥，何益而祥者？〔註41〕

這種反證法，為後來應劭所沿用，應劭《風俗通義》云：「審西益有害，增廣三面，豈能獨吉乎？」〔註42〕

在批評第一節（二十二）條時，王充列舉許多實例，說明禍福與遵信禁忌與否未必有關。〈辨祟篇〉云：

> 天下千獄，獄中萬囚，其舉事未必觸忌諱也。居位食祿，專城長邑，以千萬數，其遷徙日未必逢吉時也。歷陽之都，一夕沉而為湖，其民未必皆犯歲、月也。高祖始起，豐、沛俱復，其民未必皆慎時日也。項羽攻襄安，襄安無噍類，未必不禱賽也。趙軍為秦所坑於長平之下，四十萬眾同時俱死，其出家時，未必不擇時也。辰日不哭，哭有重喪。戊、己死者，復尸有隨。一家滅門，先死之日，未必辰與戊、己也。血忌不殺牲，屠肆不多禍；上朔不會眾，沽舍不觸殃。塗上之暴尸，未必出以往亡；室中之殯柩，未必還以歸忌。由此言之，諸占射禍祟者，皆不可信用；信用之者，皆不可是。〔註43〕

按：上引文同時批評了第一節（十五）、（二十三）、（二十四）、（二十五）各條。在批評第一節（二十九）條時，王充指出：同一時間用事，而武王與紂「或存或亡」，可以補充說明吉凶與遵信禁忌與否並無關聯。〈詰術篇〉云：

> 武王以甲子日戰勝，紂以甲子日戰負。二家俱期，兩軍相當，旗幟相望，俱用一日，或存或亡。且甲與子專比，〔註44〕昧爽時加寅，寅與甲乙不相賊，〔註45〕武王終以破紂，何也？〔註46〕

〔註41〕《論衡校釋》，卷23，頁969。
〔註42〕《風俗通義校注》，頁562。
〔註43〕《論衡校釋》，卷24，頁1012～1014。
〔註44〕黃氏《校釋》：「甲，木也。子，水也。五行之義，水生木，是子生母，支干下生上之日也。即《淮南》所謂義日。」
〔註45〕黃氏《校釋》：「『甲乙』當作『甲子』。」
〔註46〕《論衡校釋》，卷25，頁1031。

按：術家自然還可以從武王與紂之生辰，所處之方位等來辯解。但如此一來，至少可證明吉凶不僅為行動之時辰所支配。

王充說：「多或擇日而得禍，觸忌而獲福。」（〈辨祟篇〉）關於這點，《後漢書‧郭躬傳》的記載可以證成此說：

> 順帝時，廷尉河南吳雄季高，以明法律，斷獄平，起自孤宦，致位司徒。雄少時家貧，喪母，營人所不封土者，擇葬其中。喪事趣辦，不問時日，（醫）巫皆言當族滅，〔註47〕而雄不顧。及子訢孫恭，三世廷尉，為法名家。

> 初，肅宗時，司隸校尉下邳趙興亦不卹諱忌，每入官舍，輒更繕修館宇，移穿改築，故犯妖禁，而家人爵祿，益用豐熾，官至潁川太守。子峻，太傅，以才器稱。孫安世，魯相。三葉皆為司隸，時稱其盛。

> 桓帝時，汝南有陳伯敬者，行必矩步，坐必端膝；呵叱狗馬，終不言死；目有所見，不食其肉；行路聞凶，便解駕留止；還觸歸忌，則寄宿鄉亭。年老寢滯，不過舉孝廉。後坐壻亡吏，太守邵覬怒而殺之。時人罔忌禁者，多談為證焉。〔註48〕

對術家來說，這些例子是最具諷刺性的，無怪乎當時不信禁忌者多取以為反證。既然吉凶與禁忌並無必然的因果關係，然則術家何以又將此二者牽上關係？俗人何以又相信它們之間有所牽聯？這個問題恐怕得溯源於人類趨吉避凶，寧信其有，不信其無的心理。為解開這個結，必須探討吉凶的起源問題。王充以為「凡人在世，不能不作事。作事之後，不能不有吉凶。」（詳下引文）用現代的話來說明，這是或然率的問題。凡人做事，結果不出三種：吉、不吉不凶、凶，三者各有三分之一的或然率。術家卻硬是將吉凶與禁忌拉上關係，並且偽造統計來隱藏不利於己說的事實。〈辨祟篇〉云：

> **凡人在世，不能不作事。作事之後，不能不有吉凶。**見吉則指以為前時擇日之福，見凶則剌以為往者觸忌之禍。**多或擇日而得禍，觸忌而獲福。**工伎射事者欲遂其術，見禍忌而不言，聞福匿而不達，積禍以驚不慎，列福以勉畏時。故世人無愚智、賢不肖、人君布衣，皆畏懼信向，不敢抵犯。歸之久遠，莫能分明，以為天地之書，賢

〔註47〕王先謙《後漢書集解》引惠棟曰：「衍『醫』字也。」
〔註48〕《後漢書》（北京：中華書局，1982年），卷46〈郭躬傳〉，頁1546。

聖之術也。人君惜其官，人民愛其身，相隨信之，不復狐疑。〔註49〕

〈難歲篇〉云：

> 人居不能不移徙，移徙不能不觸歲，（不）觸歲不能不（得）時死。
> 〔註50〕工伎之人，見今人之死，則歸禍於往時之徙。俗心險危，死
> 者不絕，故太歲之言，傳世不滅。〔註51〕

按：在眾多移徙的人中，自然免不了偶有死者。因為移徙的結果不出生、死
二端，所以這也是或然率的問題。由上引二則批評來看，可知術家之誤有二：
一是誤認因果關係，並偽造統計數字以維護其理論。二是將或然之事誤認為
必然。而人類趨吉避凶的心理根深蒂固，寧信其有，不信其無，因此雖有少
數智者駁斥禁忌的虛妄，在民智尚未大開之時，又如何能使廣大民眾捨棄迷
信呢！

五、王充對漢代禁忌的批評（三）：以子之矛攻子之盾

　　王充批評禁忌說的第三個方法是以子之矛攻子之盾。就推理的方法來
說，他用的是類推法，這是《論衡》用得最多的方法。王充把它稱之為「推
類」，即〈實知篇〉所說：「凡聖人見禍福也，亦揆端推類，原始見終。」〔註
52〕王充利用此法，姑且承認某種禁忌說，然後加以推論，即顯現禁忌理論不
能一致，自相矛盾之處，最後順理成章的指斥其為虛妄之言。

　　王充在批評各種禁忌說時，或多或少都曾利用此法，茲擇其中較為簡要
的幾則為例。在批評第一節（三）條忌見產婦之俗時，〈四諱篇〉云：

> 人，物也；子，亦物也。子生與萬物之生，何以異？諱人之生謂之
> 惡，萬物之生又惡之乎？……人生何以異於六畜？皆含血氣懷子，
> 子生與人無異，獨惡人而不憎畜，豈以人體大，氣血盛乎？則夫牛
> 馬體大於人。凡可惡之事，無與鈞等，獨有一物，不見比類，乃可
> 疑也。今六畜與人無異，其乳皆同一狀。六畜與人無異，諱人不諱
> 六畜，不曉其故也。世能別人之產與六畜之乳，吾將聽其諱；如不
> 能別，則吾謂世俗所諱妄矣。〔註53〕

〔註49〕《論衡校釋》，卷24，頁1008。
〔註50〕黃氏《校釋》：「句首『不』字，『得』字，并衍。三句相承為文，句法一律。」
〔註51〕《論衡校釋》，卷24，頁1026。
〔註52〕《論衡校釋》，卷26，頁1072。
〔註53〕《論衡校釋》，卷23，頁975～976。

人與物同為萬物之一，人與六畜同屬有血氣之物，諱人之生而不諱六畜及其他萬物之生，即其說不能一致之處。

在批評第一節（十八）條起宅蓋屋必擇日時，〈譏日篇〉云：

> 夫屋覆人形，宅居人體，何害於歲、月而必擇之？如以障蔽人身者神惡之，則夫裝車、治船、着蓋、施帽亦當擇日。如以動地穿土神惡之，則夫鑿溝耕園，亦宜擇日。夫動土擾地神，地神能原人無有惡意，但欲居身自安，則神之聖心必不忿怒。不忿怒，雖不擇日，猶無禍也。如土地之神不能原人之意，苟惡人動擾之，則雖擇日，何益哉？〔註54〕

屋宅與車船之蓋，同樣用以障蔽人身，起宅與鑿溝耕園，同樣要動土，然而從事之時，對於擇日則或需或否，此即其說之矛盾不一處。

在批評第一節（十六）條沐頭應擇日，（十七）條裁衣必擇日時，〈譏日篇〉云：

> ……且沐者，去首垢也。洗去足垢，盥去手垢，浴去身垢，皆去一形之垢，其實等也。洗、盥、浴不擇日，而沐獨有日。如以首為最尊，尊則浴亦治面，面亦首也。如以髮為最尊，則櫛亦宜擇日。櫛用木，沐用水，水與木俱五行也。用木不避忌，用水獨擇日。如以水尊於木，則諸用水者宜皆擇日。且水不若火尊，如必以尊卑，則用火者宜皆擇日。〔註55〕

沐與洗、盥、浴皆去一形之垢，然而或需擇日，或不需擇日，此即擇日之說矛盾不一致之處。有此不一，已足以充分證明沐頭需擇日之為妄說。而王充仍然不憚其煩的推類至盡，這分耐心，確實令人佩服。〈譏日篇〉又云：

> 夫衣與食俱輔人體，食輔其內，衣衛其外。飲食不擇日，製衣避忌日，豈以衣為於其身重哉？……如以加之於形為尊重，在身之物，莫大於冠。造冠無禁，裁衣有忌，是於尊者略，卑者詳也。且夫沐去頭垢，冠為首飾，浴除身垢，衣衛體寒。沐有忌，冠無諱，浴無吉凶，衣有利害。俱為一體，共為一身，或善或惡，所諱不均，俗人淺知，不能實也。〔註56〕

〔註54〕《論衡校釋》，卷24，頁995。
〔註55〕《論衡校釋》，卷24，頁993～994。
〔註56〕《論衡校釋》，卷24，頁994。

用類推之法，姑依其說推論，從而證明「或善或惡，所諱不均」，正是所謂以子之矛，攻子之盾。

　　徐道鄰（1906～1973）在〈王充論〉一文中，極力推崇王充運用這種論證法的成績。他說：

> 高度邏輯的思想，第一個特色，就是它高度的「一致性」consistency，換句話說，它不容忍在思想結構中有絲毫「矛盾」contradiction 存在。而且這個「不矛盾」，要經過無限度的「延長」extrapolate：就是說，一個道理的前因後果，和它前因的前因，以及後果的後果，全都要前後一致，不相矛盾，這個道理才能算站得住，才能算是想得透澈 thinking through。而這些正是王充在《論衡》中所表現的最顯著的特色。〔註57〕

按：王充在上引數則論證中，利用類推法指出禁忌理論結構中矛盾不一致的地方，確實做得很成功。但無可否認的，《論衡》中也不乏異類類推的例子。徐復觀（1904～1982）〈王充論考〉說：

> ……《論衡》中許多牽強傅會的論證，多由此而來。6.〈雷虛篇〉：「人以雷為天之怒，推人道以論之，虛妄之言也。」按推人道以論天道，這是類推法的具體應用，也是漢人所普遍使用的方法。……但王充的性格，總是要把較為抽象的東西，換為更具體的東西；於是由人道以推論天道，乃是從人的形體以推論天道；僅就人的形體說，何以能看出是與天同類呢？不能說明人的形體與天是同類，於是結果變為異類間的推論，即是在不同的大前提下的推論。所以王充應用起來，便覺得幼稚可笑了。……我們可以承認王充的結論是正確的；但這是沒有方法作基礎的結論，是由事實直感而來的結論。……凡不由正確方法所得的結論，結論雖對，只是偶然性的對，不能稱之為出於科學。〔註58〕

按：徐道鄰之文從正面顯現王充的長處，徐復觀之文則從反面批評王充的短處，彼此均有所依據。平情而論，類推法有其先天上的限制，即必須在同一前提下推論。王充使用此法，有正確，也有不正確的地方。所以應該分別的看，不必一概而論。

〔註57〕見《東海學報》第 3 卷第 1 期（1961 年 6 月）。
〔註58〕《兩漢思想史》卷 2，頁 600～601。

六、王充對漢代禁忌的批評（四）：方便立說層層設問

　　王充批評禁忌所使用的第四個方法是方便立說，層層設問。為了證明某種禁忌說不能成立，王充經常使用多方假設，層層詰問的方法。在設問中，王充不惜暫且先依從俗說，然後從多方面推論證明其說不可信。這方面表現了他不憚煩的精神。如此一來，「充書文重」（〈自紀篇〉）固然不在話下；而且因為「姑從俗說」的關係，令人乍看之下，誤認為王充立說自相矛盾。因此首須分別何者是他的基本立場，何者是為了方便設問，姑且依從俗說。

　　以人鬼為例，王充的基本立場是「死人不為鬼」（〈論死篇〉），「死無知，不能為鬼。」（〈對作篇〉）他在批評禁忌說時提及人鬼、鬼神，只是為了立說方便罷了。例如在批評第一節（十五）條祭祀之曆有吉凶時，〈譏日篇〉云：

> 夫祭者，供食鬼也。鬼者，死人之精也。若非死人之精，人未嘗見鬼之飲食也。推生事死，推人事鬼，見生人有飲食，死為鬼當能復飲食，感物思親，故祭祀也。及他神百鬼之祠，雖非死人，其事之禮，亦與死人同。蓋以不見其形，但以生人之禮准況之也。生人飲食無日，鬼神何故有日？如鬼神審有知，與人無異，則祭不宜擇日。如無知也，不能飲食，雖擇日避忌，其何補益？〔註59〕

按：此文前半依據俗說，以為人死有鬼。「生人飲食無日」以下，則是王充的設問。至於他的基本立場，則是接下去說的話：

> 實者百祀無鬼，死人無知。百祀報功，示不忘德；（事）死如事生，〔註60〕示不背亡。祭之無福，不祭無禍。祭與不祭，尚無禍福，況日之吉凶，何能損益？〔註61〕

〈解除篇〉也有類似的論證，此不具引。從這個例子，可知王充雖然不信有鬼神，但為了向世人說明禍祟不由鬼神，在乎人事，不得不姑且採用俗說，假設鬼神是存在的。

　　又如在批評第一節（二十七）條移徙抵觸太歲則凶時，〈難歲篇〉末尾說明他的基本立場是：

> 十二月為一歲，四時節竟，陰陽氣終，竟復為一歲，日月積聚之名

〔註59〕《論衡校釋》，卷24，頁992。
〔註60〕黃氏《校釋》：「『死』上疑有『事』字。」
〔註61〕《論衡校釋》，卷24，頁992。

耳,何故有神而謂之立於子位乎?積分為日,累日為月,連月為時,紀時為歲,歲則日、月、時之類也。歲而有神,日、月、時亦復有神乎?千五百三十九(歲)為一統,〔註62〕四千六百一十七歲為一元,歲猶統、元也。歲有神,統、元復有神乎?論之以為無。〔註63〕

王充不認為太歲有神,然而為了駁斥移徙觸犯太歲的禁忌,姑且採取俗說,以太歲為有神。因此〈難歲篇〉中所謂:「且太歲之神審行乎?」「且太歲,天別神也,與青龍無異。」都是「姑從俗說」。至於他的層層設問,在〈難歲篇〉中發揮得淋漓盡致。原文甚長,為免徒佔篇幅,茲不具引,但為了使讀者易於把握起見,以下分數點扼要說明王充設問的問題:

(一)設太歲為有知,論太歲惡人徙及抵觸乎?

(二)由太歲運行與否產生行之方向及所在問題,王充分從 1.如直南北行。2.如不正南北行。3.如不動。4.如其體如煙雲虹蜺。5.如審如氣等方面詰問。

(三)由所居範圍,討論三個問題:1.設其體掩北方。2.設其正當子位。3.設其左右通。

(四)以儒者九州之論,鄒衍九州之說,論太歲所在之地。

(五)設 1.太歲在天地之際。2.太歲分散在民間,以論移徙者抵觸太歲的距離因素。

……

從前面簡單的提綱中,足以看出王充不怕麻煩,從多方面層層設問,一而再,再而三的證明移徙法的虛妄。這是因為他的主要對象是「俗人」,所以他有意把話說得淺明直露。〈自紀篇〉明白的說:

故閑居作《譏俗節義》十二篇(按:《論衡》亦然,下文即云:「充書形露易觀」),冀俗人觀書而自覺,故直露其文,集以俗言。或譴謂之淺。答曰:「以聖典而示小雅,以雅言而說丘野,不得所曉,無不逆者。……何以為辯?喻深以淺。何以為智?喻難以易。」〔註64〕

或許是因為這個緣故,所以有時遇到可以談得較為深入的問題,王充卻輕輕

〔註62〕「歲」字據黃氏《校釋》與劉氏《集解》補。
〔註63〕《論衡校釋》,卷24,頁1025。
〔註64〕《論衡校釋》,卷30,頁1192、1194。

的將筆尖滑開了。例如評第一節（十六）條沐頭須擇日時，〈譏日篇〉云：「且使子沐，人愛之；卯沐，其首白者，誰也？」本可由此引出較深入之問題，即人之命運、禍福為誰所主宰？但下文接著說：「夫子之性，水也；卯，木也。水不可愛，木色不白。……」〔註65〕則純是方便立說，隨意取眾人認可之說，以子之矛攻子之盾罷了，這不能不說是一種缺憾。

方便立說，層層設問，是《論衡》的特色之一。用在批評世俗迷信時，尤其需要這樣反復申明。這樣做需要耐心，需要不怕麻煩，和世俗之人辯論「知者」看來不值一談的種種迷信，正是從前許多學者不太願意做的事。王充在這方面執著的表現他一貫的「疾虛妄」，確實不能不令人感到精神可佩！

七、結論

根據上述討論，可知王充對漢代的禁忌，作了全面而有系統的批評。內容之詳盡，批評之透澈，均屬前所未有，所以王充不愧是破除迷信的偉大先驅者。在運用類推法時，王充雖有錯誤之處，並不妨礙他正面廓清迷信的貢獻。尤其難得的是，在批評之中，王充不忘肯定部分義理之禁具有教化的意義。由於他所討論的是世俗迷信，不是聖賢大道，這是從前許多學者所忽略的，從而也就更突出了《論衡》的重要性。可惜的是由於人類為了趨吉避凶，寧信禍祟之有，不敢信其無的心理根深蒂固；加以從前民眾受教育的機會不大，民智未能大開，以致千百年來，禁忌迷信依舊風行，這是令人深感惋惜的事！《禮記・學記》說得好：「君子如欲化民成俗，其必由學乎！」所以民間禁忌的破除不單只是少數人著書立說的事，它同時是全民教育工作的一部分，需要許多人同時努力，才可能一方面克竟破除迷信之功，另一方面適時填補迷信破除之後所可能造成的部分教化漏洞。

本文原載《幼獅學誌》第 18 卷第 2 期，1984 年 10 月。
收入本書時，文字方面略有修飾；修訂本續有少量改動。

〔註65〕《論衡校釋》，卷 24，頁 994。

捌、《論衡》對文獻記載的考辨

一、引言

　　王充寫作《論衡》的旨趣，既然是「疾虛妄」（〈佚文篇〉），虛妄之事不一，就《論衡》所批駁的對象來說，除了文獻方面的虛妄之事以外，舉其大者，還有天人感應說、人鬼關係、迷信、禁忌等。所以王充對文獻記載的考辨，只是他「考論實虛」（〈自紀篇〉）的一環而已。他的成果雖然不能和後代全面而有系統從事文獻考辨工作的學者相比（例如司馬光之作《通鑑考異》、崔述之作《考信錄》），但是王充不輕信文獻，勇於懷疑的精神，放在漢代來說固然極為傑出，即使移到現代也毫不遜色。王充考辨文獻所使用的方法，尤其值得我們參考採用。至於王充對文獻記載的要求與解釋，是和考辨工作相關聯的產物。因為記載或解釋若不正確，自然不免歪曲事實的真相。在這方面，王充對誇張性的描述很不以為然，主張用詞應該精確，恰如其分。對於史事，他這種態度基本上是正確的，笨拙而真實無論如何總比華麗而失實來得好，但對文學性的描述也作此要求，就未免過當了。

二、王充的懷疑精神

　　懷疑精神為考辨之母，不疑則辨無從生。故特立此節，以闡明王充的懷疑精神。

　　早在孟子就曾說過：「盡信書，則不如無書。」（《孟子·盡心下》）在這方面，王充有過之而無不及。在〈書虛篇〉裡，他明白的指出世人盡信書上的記載是不可取的：

世信虛妄之書，以為載於竹帛上者，皆賢聖所傳，無不然之事，故信而是之，諷而讀之；睹真是之傳，與虛妄之書相違，則并謂短書不可信用。……夫世間傳書諸子之語，多欲立奇造異，作驚目之論，以駭世俗之人；為譎詭之書，以著殊異之名。〔註1〕

〈對作篇〉推究虛妄之書的成因：

世俗之性，好奇怪之語，說虛妄之文。何則？實事不能快意，而華虛驚耳動心也。是故才能之士，好談論者，增益實事，為美盛之語；用筆墨者，造生空文，為虛妄之傳。聽者以為真然，說而不舍；覽者以為實事，傳而不絕。不絕，則文載竹帛之上；不舍，則誤入賢者之耳。至或南面稱師，賦姦偽之說；典城佩紫，讀虛妄之書。明辨然否，疾心傷之，安能不論？〔註2〕

王充不只是泛泛攻擊那些「虛妄之書」，並且批評當時儒者說五經，多失其實。〈正說篇〉云：

儒者說五經，多失其實。前儒不見本末，空生虛說；後儒信前師之言，**隨舊述故**，滑習辭語，苟名一師之學，趨為師教授，及時蚤仕，汲汲競進，**不暇留精用心，考實根核**。故虛說傳而不絕，實事沒而不見，五經並失其實。〔註3〕

異乎這些儒者，王充不肯「隨舊述故」。不肯隨書述故，乃是懷疑、考辨成立的必要條件。若是苟信前人之說，必然「不暇留精用心，考實根核。」

不迷信權威，實事求是，是懷疑、考辨成立的另一個必要條件。王充不僅批評俗人及經師，連古代的聖賢他也不放過，《論衡》因而有〈問孔〉、〈非韓〉、〈刺孟〉三個專篇。茲引〈問孔篇〉對孔子的態度為例：

世儒學者，好信師而是古，以為賢聖所言皆無非，專精講習，不知難問。夫賢聖下筆造文，用意詳審，尚未可謂盡得實，況倉卒吐言，安能皆是？……案賢聖之言，上下多相違；其文，前後多相伐者，世之學者，不能知也。……凡學問之法，不為無才，難於距師，核道實義，證定是非也。問難之道，非必對聖人及生時也。世之解說說人者，非必須聖人教告乃敢言也。苟有不曉解之問，迢（追）難

〔註1〕《論衡校釋》，卷4，頁167。
〔註2〕《論衡校釋》，卷29，頁1179。
〔註3〕《論衡校釋》，卷28，頁1123。

孔子，何傷於義？誠有傳聖業之知，伐孔子之說，何逆於理？〔註4〕
按：王充生當「罷黜百家，獨尊儒術」的年代，竟然敢於「伐聖」，姑且不論
他的批評是否全然恰當（部分顯得吹毛求疵，無關大體），但他這種無視權
威，只問真理的精神，卻不能不令人佩服。由於〈問孔〉、〈刺孟〉，王充因此
受到後代不少學者的攻擊！〔註5〕崔述《考信錄》考辨文獻真偽的成績，雖然
遠超過王充《論衡》，但他的審查標準是「以經為主，傳註之與經合者則著之，
不合者則辨之。」（〈考信錄自序〉）因此崔述雖然敢疑諸子傳說，但不敢多疑
經書，他寫《考信錄》的目的是為了衛道、衛聖、衛經。受了這種限制，所以
崔述的《考信錄》「只是儒者的辨古史，不是史家的辨古史。」〔註6〕崔述尚
且如此，像羅泌《路史》、馬驌《繹史》那一類忽略史料考辨的著作，就更欠
缺懷疑精神了。比較之下，可知不迷信權威，實事求是，真是談何容易！所
以說懷疑精神是考辨工作之母，不疑，則考辨無從產生。

王充既不迷信權威，不肯「隨舊述故」，對於「世書俗說，多所不安。」
所以「幽處獨居，考論實虛。」（〈自紀篇〉）寫成《論衡》一書。以下數節，
即藉王充考辨文獻記載所使用的方法，評介王充如何考論文獻資料的實虛。

三、以可靠文獻駁虛妄之說

王充在從事文獻考辨工作時，方法的運用自是綜合的。但為了說明上的
便利，本文在每一節裏，僅擇其中一法加以評介。通觀各節，王充所用方法
的全貌自然顯現。

王充在考辨文獻記載時，所用方法之一，是引用可靠文獻，以證其他文
獻所載虛妄之說不可信。例如〈語增篇〉云：

> 傳語曰：「文王飲酒千鍾，孔子百觚。」欲言聖人德盛，能以德將酒
> 也。如一坐千鍾百觚，此酒徒，非聖人也。……案〈酒誥〉之篇：
> 「朝夕曰：『祀茲酒。』」此言文王戒慎酒也。朝夕戒慎，則民化之。
> 外出戒慎之教，內飲酒盡千鍾，導民率下，何以致化？承紂疾惡，
> 何以自別？……世聞「德將毋醉」之言，見聖人有多德之效，則虛

〔註4〕《論衡校釋》，卷9，頁395、397。
〔註5〕相關論著目錄，參看本書第陸篇注1。
〔註6〕見顧頡剛〈與錢玄同先生論古史書〉，收入《古史辨》第一冊（臺北：明倫出
　　　版社，1970年3月影印樸社初版本），頁59。

增文王以為千鍾，空益孔子以百觚矣。〔註7〕

按：《尚書‧酒誥》云：

> 王若曰：「明大命于妹邦。乃穆考文王，肇國在西土，厥誥毖庶邦庶
> 士，越少正、御事。朝夕曰：『祀茲酒。』……文王誥教小子，有正、
> 有事，無彝酒。越庶國飲，惟祀；德將，無醉。……」〔註8〕

「傳語」所謂千鍾百觚自是一種誇張的描寫法，極少人會把它視為實錄。不
過文王是否喜好杯中物，尚須其他可靠的資料來判斷，所以王充引用《尚書‧
酒誥》作為辨正的依據。文王朝夕告教臣下勿常飲酒，見載於〈酒誥〉，是一
件可信的歷史事實。倘若文王自身為一酒徒，則何以「導民率下」？何以自
別於紂王？王充引用〈酒誥〉的記載，來質問「傳語」的說法，理由充足，「傳
語」的虛妄遂無所遁形。

〈語增篇〉又云：

> 傳語曰：「紂沈湎於酒，以糟為丘，以酒為池，牛飲者三千人，為長
> 夜之飲，亡其甲子。」……傳又言：「紂懸肉以為林，令男女倮而相
> 逐其間。」是為醉樂淫戲無節度也。……周公封康叔，告以紂用酒，
> 期於悉極，欲以戒之也，而不言糟丘、酒池，懸肉為林，長夜之飲，
> 亡其甲子。聖人不言，殆非實也。〔註9〕

按：《尚書》有關紂王酗酒的記載（《偽古文》除外），有〈微子〉的「我用沈
酗于酒」，「方興沈酗于酒」。〈無逸〉的「無若殷王受之迷亂，酗于酒德哉！」
而以〈酒誥〉最為詳悉：

> 在今後嗣王酣身，……誕惟厥縱淫泆于非彝，用燕，喪威儀，……
> 惟荒腆于酒，不惟自息，乃逸。厥心疾很，不克畏死；辜在商邑，
> 越殷國滅無罹。……庶羣自酒，腥聞在上，故天降喪于殷，罔愛于
> 殷，惟逸。〔註10〕

殷、周為敵國，周王告誡臣下勿沉湎于酒，常引紂王為戒，自無為他隱諱過
失之理；如紂王果有糟丘酒池等事，〈酒誥〉自然沒有不提的理由。所以王充
以〈酒誥〉不載，推斷「傳語」所說紂為糟丘酒池云云不可信，是正確的（王

〔註7〕《論衡校釋》，卷7，頁346〜348。
〔註8〕《尚書注疏》（臺北：藝文印書館，1976年5月，影印嘉慶二十年〔1815年〕
　　　　江西南昌府學刊本），卷14，頁14下〜15上、16上。
〔註9〕《論衡校釋》，卷7，頁348、350、351。
〔註10〕《尚書注疏》，卷14，頁20下〜21上。

充以〈酒誥〉為周公告康叔之語,與《史記‧衛康叔世家》的說法相同)。

〈書虛篇〉云:

> 傳書或言:顏淵與孔子俱上魯太山,孔子東南望,吳閶門外有繫白
> 馬,引顏淵指以示之,曰:「若見吳昌門乎?」顏淵曰:「見之。」
> 孔子曰:「門外何有?」曰:「有如繫練之狀。」孔子撫其目而正之,
> 因與俱下。下而顏淵髮白齒落,遂以病死。蓋以精神不能若孔子,
> 彊力自極,精華竭盡,故早夭死。世俗聞之,皆以為然。如實論之,
> 殆虛言也。**案《論語》之文,不見此言;考六經之傳,亦無此語。**
> 夫顏淵能見千里之外,與聖人同,孔子、諸子,何諱不言?蓋人目
> 之所見,不過十里,過此不見,非所明察,遠也。〔註11〕

這段記載在現代看來荒誕的不值一駁。但是漢儒的想法卻不同,王充在〈實
知篇〉裏指出:當時「儒者論聖人,以為前知千歲,後知萬世,有獨見之明,
獨聽之聰,事來則名,不學自知,不問自曉,故稱聖則神矣!」〔註12〕因此
王充以此說不合常人的生理(人目之所見,不過十里),作為批駁的理由,並
不見得有效,因為「聖則神矣」,聖人本非常人可比!所以訴諸經傳,「案《論
語》之文,不見此事;考六經之傳,亦無此語。」才是對此虛妄之說最有力的
駁斥!

四、藉異說對質指出矛盾所在

王充在考辨文獻記載時,所用方法之二,是藉不同說法的對質,使人不
輕信一面之辭,進而探求事情的真相。例如關於武王伐紂之役的實況,便有
不同的說法,〈語增篇〉云:

> 傳語又稱:「紂力能索鐵伸鉤,撫梁易柱。」言其多力也。「蜚廉、
> 惡來之徒,並幸受寵。」言好伎力之主,致伎力之士也。或言:
> 「武王伐紂,兵不血刃。」夫以索鐵伸鉤之力,輔以蜚廉、惡來
> 之徒,與周軍相當,武王德雖盛,不能奪紂素所厚之心;紂雖惡,
> 亦不失所與同行之意。雖為武王所擒,時亦宜殺傷十百人。今言
> 「不血刃」,非紂多力之效,蜚廉、惡來助紂之驗也。……案周取
> 殷之時,太公《陰謀》之書:「食小兒丹,教云亡殷,兵到牧野,

〔註11〕《論衡校釋》,卷4,頁170~171。
〔註12〕《論衡校釋》,卷26,頁1069。

晨舉脂燭。」〔註13〕察〈武成〉之篇，牧野之戰，「血流浮杵」，赤地千里。由此言之，周之取殷，與漢、秦一實也。而云取殷易，「兵不血刃」，美武王之德，增益其實也。凡天下之事，不可增損，考察前後，效驗自列，自列，則是非之實有所定矣。世稱紂力能索鐵伸鉤，又稱武王伐之兵不血刃。夫以索鐵伸鉤之力當人，則是孟賁、夏育之匹也；以不血刃之德取人，則是三皇、五帝之屬也。以索鐵之力，不宜受服，以不血刃之德，不宜頓兵。今稱紂力，則武王德貶；譽武王，則紂力少。索鐵、不血刃，不得兩立；殷、周之稱，不得二全。不得二全，則必一非。〔註14〕

〈恢國篇〉云：

傳書或稱武王伐紂，太公《陰謀》；食小兒以丹，令身純赤，長大，教言殷亡。殷民見兒身赤，以為天神，及言殷亡，皆謂商滅。兵至牧野，晨舉脂燭。姦謀惑民，權掩不備，周之所諱也，世謂之虛。……〈武成〉之篇，言周伐紂，血流浮杵。以〈武成〉言之，食兒以丹，晨舉脂燭，殆且然矣。〔註15〕

按：王充指出，紂多力與武王兵不血刃，二說不能並立。太公《陰謀》和〈武成〉的記載，也顯示武王克殷並不輕鬆。然則何種說法較為可信？還需利用其他資料和方法來推定。〔註16〕

關於禹、契、后稷的出生，王充也運用異說並列之法，加以質詢。〈奇怪篇〉云：

儒者稱聖人之生，不因人氣，更稟精於天。禹母吞薏苡而生禹，故夏姓曰姒。卨母吞燕卵而生卨，故殷姓曰子。后稷母履大人跡而生后稷，故周姓曰姬。……案〈帝繫〉之篇及〈三代世表〉：禹，鯀之子也；卨、稷皆帝嚳之子，其母皆帝嚳之妃也。……帝王之妃，何為適草野？古時雖質，禮已設制，帝王之妃，何為浴於水？夫如是，言聖

〔註13〕劉氏《集解》引唐蘭曰：「四語為太公《陰謀》中文，嚴輯《陰謀》失載。」
〔註14〕《論衡校釋》，卷7，頁342～345。
〔註15〕《論衡校釋》，卷19，頁826～827。
〔註16〕關於武王克殷之戰的史實，可參看先師屈萬里先生〈讀周書世俘篇〉，收入《書傭論學集》（臺北：臺灣開明書店，1969年3月）。該書又列入《屈萬里全集》之十四（臺北：聯經出版事業公司，1984年7月）。

人更稟氣於天，母有感吞者，虛妄之言也。〔註17〕

〈案書篇〉云：

> 〈三代世表〉言五帝三王皆黃帝子孫，自黃帝轉相生，不更稟氣
> 於天。作〈殷本紀〉，言契母簡狄浴於川，遇玄鳥墜卵，吞之，遂
> 生契焉。及〈周本紀〉，言后稷之母姜嫄野出，見大人跡，履之，
> 則姙身，生后稷焉。夫觀〈世表〉，則契與后稷，黃帝之子孫也；
> 讀〈殷、周本紀〉，則玄鳥、大人之精氣也。二者不可兩傳，而太
> 史公兼紀不別。案帝王之妃，不宜野出，浴於川水。今言浴於川，
> 吞玄鳥之卵；出於野，履大人之跡，違尊貴之節，誤是非之言也。
>
> 〔註18〕

按：王充的論斷雖然未必可從，例如《詩‧大雅‧生民》全無帝嚳、帝妃的痕
跡，只是周人始祖誕生的神話而已。但是他所使用的異說對質法卻值得後人
參考採用，此法消極方面可使人不輕信一面之詞，積極的可使學者經由疑惑
進而尋求可靠的答案。

五、以後代史實推證古史

王充辨正文獻記載的第三個方法，是拿後代史實和文獻所載古史作一
比較，從而推定某種說法可信，某種說法不可信。這個方法的前提，簡單的
說，就是「古今一也」（詳下引文）。在濃厚的崇古風氣下，王充卻認為周不
如漢，他能打破古代為黃金時代的觀念，所以敢大膽的以今准古。〈案書篇〉
云：

> 夫俗好珍古不貴今，謂今之文不如古書。**夫古今一也**，才有高下，
> 言有是非，不論善惡而徒貴古，是謂古人賢今人也。〔註19〕

〈齊世篇〉云：

> 夫上世治者聖人也，下世治者亦聖人也；聖人之德，前後不殊，則
> 其治世，古今不異。……帝王治世，百代同道。人民嫁娶，同時共
> 禮，雖言男三十而娶，女二十而嫁，法制張設，未必奉行。何以效
> 之？以今不奉行也。禮樂之制，存見於今，今之人民，肯行之乎？

〔註17〕《論衡校釋》，卷3，頁156～157、165。
〔註18〕《論衡校釋》，卷29，頁1168～1169。
〔註19〕《論衡校釋》，卷29，頁1173。

今人不肯行，古人亦不肯舉。以今之人民，知古之人民也。〔註20〕

王充既認為「古今一也」，自然不以為今不如古。〈宣漢篇〉云：

> 能致太平者，聖人也。世儒何以謂世未有聖人？天之稟氣，豈為前
> 世者渥，後世者泊哉？周有三聖，文王、武王、周公，並時猥出。
> 漢亦一代也，何以當少於周？周之聖王，何以當多於漢？漢之高祖、
> 光武，周之文、武也。文帝、武帝、宣帝、孝明、今上（章帝），過
> 周之成、康、宣王。非以身生漢世，可襃增頌歎，以求媚稱也。核
> 事理之情，定說者之實也。〔註21〕

按：〈齊世〉、〈宣漢〉兩段話，在今日看來，仍然是不可改易的通達之論。當
然我們也必須知道，古今有其相同，也有其差異之處，所以運用這種方法時，
必須考慮到因時間不同所可能引起的變化。

在探討武王伐紂是否兵不血刃時，王充利用以今准古之法，以高祖取天
下之難，及光武中興兵頓昆陽的史實，推證武王伐紂不可能兵不血刃（參看
第四節）。〈語增篇〉云：

> ……武王有八百諸侯之助，高祖有天下義兵之佐。……天下義兵，
> 並來會漢，助彊於諸侯。武王承紂，高祖襲秦，二世之惡，隆盛於
> 紂，天下畔秦，宜多於殷。案高祖伐秦，還破項羽，戰場流血，暴
> 尸萬數，失軍亡眾，幾死一再，然後得天下，用兵苦，誅亂劇。獨
> 云周兵不血刃，非其實也。言其易，可也；言不血刃，增之也。……
> 紂之惡不若王莽：紂殺比干，莽鴆平帝；紂以嗣立，莽盜漢位。殺
> 主隆於誅臣，嗣立順於盜位，士眾所畔，宜甚於紂。漢誅王莽，兵
> 頓昆陽，死者萬數，軍至漸臺，血流沒趾。而獨謂周取天下，兵不
> 血刃，非其實也。〔註22〕

我們生在甲骨文、金文大量出土的時代，有更多的資料可以證明武王伐紂不
可能兵不血刃（參看註16），同時我們也已洗盡了冬烘的頭腦，不致以為探
究武王克殷史實是非薄聖人。這時回頭看一千九百年前的王充，在當日即能
衝破崇古思想的牢籠，對武王伐紂史實作出如此正確的推斷，實在不能不令
人佩服他的識見。

〔註20〕《論衡校釋》，卷18，頁803～804。
〔註21〕《論衡校釋》，卷19，頁821。
〔註22〕《論衡校釋》，卷7，頁343、346。

六、以觀察所得的知識駁虛妄之說

王充判定一事之是否為虛妄，常訴諸效驗及實證。〈知實篇〉云：

> 凡論事者，違實不引效驗，則雖甘義繁說，眾不見信。〔註 23〕

〈薄葬篇〉云：

> 事莫明於有效，論莫定於有證。空言虛語，雖得道心，人猶不信。
> 〔註 24〕

重視效驗和實驗與重視觀察具有密切的關係，這個道理徐道鄰（1906～1973）在〈王充論〉一文中解釋得很清楚：

> 我們一旦認清了正確的知識需要切實的驗證，那我們就知道重視一切現象的觀察，而把握住這些觀察到的事實，作為一切推論的依據。王充就這樣子跟據「人目所見，不過十里」的事實，否認顏淵和孔子能夠從魯國的太山上望到吳國闔門外的白馬（原注：〈書虛篇〉）。根據「千里不同風，百里不同雨」的事實，否認人們可以看見動怒的「天」之所在（〈雷虛篇〉）。〔註 25〕

以觀察所得的知識駁斥文獻上不真實的記載，除前引徐氏所舉孔、顏登太山的例子外（參看第三節，引文較詳），又如〈儒增篇〉云：

> 儒書言：「楚熊渠子出見寢石，以為伏虎，將弓射之，矢沒其衛。」或曰：「養由基見寢石，以為兕也，射之，矢飲羽。」或言李廣。便是熊渠、養由基、李廣，主名不審，無實（害）也。或以為虎，或以為兕，兕、虎俱猛，一實也。或言沒衛，或言飲羽，羽則衛，言不同耳。要取以寢石似虎、兕，畏懼加精，射之入深也。夫言以寢石為虎，射之矢入，可也；言其沒衛，增之也。……車張十石之弩，恐不能入一寸，矢摧為三，況以一人之力，引微弱之弓，雖加精誠，安能沒衛？人之精乃氣也，氣乃力也。有水火之難，惶惑恐懼，舉徙器物，精誠至矣，素舉一石者，倍舉二石。然則見伏石射之，精誠倍故，不過入一寸，如何謂之沒衛乎？……巧人之精，與拙人等；古人之誠，與今人同。使當今射工，射禽獸於野，其欲得之，不餘精力乎，及其中獸，不過數寸。跌誤中石，不能內鋒，箭摧折矣。

〔註 23〕《論衡校釋》，卷 26，頁 1086。
〔註 24〕《論衡校釋》，卷 23，頁 962。
〔註 25〕見《東海學報》第 3 卷第 1 期（1961 年 6 月）。

> 夫如是，儒書之言楚熊渠子、養由基、李廣射寢石，矢沒衛飲羽者，
> 皆增之也。〔註26〕

按：「車張十石之弩，恐不能入一寸，矢摧為三。」「使當今射工，射禽獸於野，……趺誤中石，不能內鋒，箭摧折矣。」是王充觀察到的事實，他據此指出所謂熊渠等人射箭中石沒羽的說法是不正確的。

王充既然重視觀察，所以他對司馬遷以張騫實地考察所見，駁斥〈禹本紀〉的不實說法，極表同意，並加以闡釋。〈談天篇〉云：

> 太史公曰：「〈禹本紀〉言：〔註27〕『河出崑崙，其高三（二）千五
> 百餘里，〔註28〕日月所於（相）辟隱為光明也，〔註29〕其上有玉泉、
> 華池。』今自張騫使大夏之後，窮河源，惡睹〈本紀〉所謂崑崙者
> 乎？故言九州山川，《尚書》近之矣。至〈禹本紀〉、《山經》所有怪
> 物，余不敢言也。」夫弗敢言者，謂之虛也。崑崙之高，玉泉、華
> 池，世所共聞，張騫親行無其實。案〈禹貢〉，九州山川，怪奇之物，
> 金玉之珍，莫不悉載，不言崑崙山上有玉泉、華池。案太史公之言，
> 《山經》、〈禹紀〉，虛妄之言。凡事難知，是非難測。〔註30〕

按：司馬遷的話見於《史記・大宛列傳贊》。重視從實物和實地的觀察所得的知識，為近代學者所崇尚，而司馬遷和王充早就已有此識見，由此可以看出傑出的漢代學者高明的地方。後來乾隆帝（1711～1796）為了涇、渭清濁的問題，派遣陝西巡撫秦承恩親至涇、渭實地勘察，從而判定涇清渭濁，為這一聚訟千年的問題作了定案。〔註31〕這二件學術問題的解決，先後輝映，是極富於啟發性的學林佳話！

七、藉推理來判定文獻記載是否可信

王充辨正文獻記載最常使用的方法，是推理。文獻上的某些記載，雖然

〔註26〕《論衡校釋》，卷8，頁362～365。
〔註27〕黃氏《校釋》引《困學紀聞》：「《三禮義宗》引〈禹受地記〉，《離騷》王注引〈禹大傳〉，豈即所謂〈禹本紀〉者？」
〔註28〕黃氏《校釋》：「『三』當從《史記・大宛傳贊》作『二』。」
〔註29〕孫氏《舉正》（卷2，頁10上）引吳承仕曰：「《史記》、《漢書》並作『所相避隱』，《玉海》二十引亦作『相』，此作『於』者，草書形近之誤。」
〔註30〕《論衡校釋》，卷11，頁476。
〔註31〕《御製文集・三集・涇清渭濁紀實》（臺北：臺灣商務印書館，1983年，影印文淵閣《四庫全書》本），卷14，頁3下～9下。

不合情理，但是有時卻難以舉出實證來證明其為虛妄之說。遇到這種情形，王充就運用推理來加以辨正。推理是王充的特長，他把這方法廣泛的應用於辨正各類虛妄的說法，為他贏得後代學者不少的讚譽。辨正文獻記載的例子，如〈死偽篇〉云：

> 傳曰：「周宣王殺其臣杜伯而不辜，宣王將田於圃，杜伯起於道左，執彤弓而射宣王，宣王伏韔而死。趙（燕）簡公殺其臣莊子義而不辜，
> 〔註32〕簡公將入於桓門，莊子義起於道左，執彤杖而捶之，斃於車下。」二者，死人為鬼之驗，鬼之有知、能害人之效也。無之，奈何？
> 曰：人生萬物之中，物死不能為鬼，人死何故獨能為鬼？如以人貴能為鬼，則死者皆當為鬼，杜伯、莊子義何獨為鬼也？如以被非辜者能為鬼，世間臣子被非辜者多矣，比干、子胥之輩不為鬼。夫杜伯、莊子義無道忿恨，報殺其君，罪莫大於弒君，則夫死為鬼之尊者，當復誅之，非杜伯、莊子義所敢為也。凡人相傷，憎其生，惡見其身，故殺而亡之。見殺之家，詣吏訟其仇，仇人亦惡見之。生死異路，人鬼殊處。如杜伯、莊子義怨宣王、簡公，不宜殺也，當復為鬼，與己合會。人君之威，固嚴人臣，營衛卒使固多眾，兩臣殺二君，二君之死，亦當報之，非有知之深計，憎惡之所為也。如兩臣神，宜知二君死當報己；如不知也，則亦不神。不神胡能害人？世多似是而非，虛偽類真，故杜伯、莊子義之語，往往而存。〔註33〕

按：《墨子·明鬼篇》載杜伯之鬼殺周宣王，莊子義之鬼殺燕簡公，言之鑿鑿，彷彿實有其事。王充乃層層假設，一一質問，遂令執有鬼論者難以置答。可惜墨子、王充生不同時，否則二人相辯，不知會留下如何精彩的論戰文章！

又如〈感虛篇〉辨武王止陽侯之波云：

> 傳書言：「武王伐紂，渡孟津，陽侯之波，逆流而擊，疾風晦冥，人馬不見。於是武王左操黃鉞，右執白旄，瞋目而麾之曰：『余在，天下誰敢害吾意者！』於是風霽波罷。」此言虛也。武王渡孟津時，士眾喜樂，前歌後舞，天人同應。人喜天怒，非實宜也。前歌後舞，未必其實；麾風而止之，迹近為虛。夫風者，氣也，論者以為天地之號令也。武王誅紂是乎？天當安靜以祐之。如誅紂非乎？而天風

〔註32〕黃氏《校釋》：「『趙』當從《墨子》作『燕』。〈訂鬼篇〉不誤。」
〔註33〕《論衡校釋》，卷21，頁885～887。

者怒也，武王不奉天令，求索己過，瞋目言曰：「余在，天下誰敢害吾（意）者！」〔註34〕重天怒，增己之惡也，風何肯止？父母怒，子不改過，瞋目大言，父母肯賞之乎？如風天所為，禍氣自然，是亦無知，不為瞋目麾之故止。夫風猶雨也，使武王瞋目以旄麾雨而止之乎？武王不能止雨，則亦不能止風。〔註35〕

類似的辨正很多，不再贅舉。

　　按：運用推理之法來辨正文獻上的虛妄記載，先決條件是必須察覺其可疑，才能進而運用推理或配合其他方法，來證明其為虛妄之說。倘若它表面上看來合理，不能引起人們推究其真實與否的動機，自然無從對它加以辨正。例如王充因不曾對古代史料作全面而有系統的檢討，加以禪讓說流行已久，王充習聞其說，遂在不知不覺間以為古代賢者讓天下乃是尋常之事，以致於察覺不出「北人無擇」乃是個寓言人物（〈逢遇篇〉：「故舜王天下，皋陶佐政，北人無擇深隱不見。」）！倘若王充細看《莊子・讓王篇》，加以推敲，就不至於上當了。

八、王充對文獻記載的要求與解釋

　　王充對文獻記載的要求與解釋，有兩點可說：一是他對文字的運用要求明白準確；二是他對文獻要求正確的瞭解，以免對史實產生歪曲的印象。例如〈藝增篇〉解釋《尚書・堯典》「協和萬國」（避劉邦諱，所以王充改邦為國）、《詩・大雅・假樂》「子孫千億」云：

《尚書》「協和萬國」，是美堯德致太平之化，化諸夏並及夷狄也。言協和方外，可也；言萬國，增之也。……欲言堯之德大，所化者眾，諸夏夷狄，莫不雍和，故曰萬國。猶《詩》言「子孫千億」矣，美周宣王之德，能慎天地，天地祚之，子孫眾多，至於千億。言子孫眾多，可也；言千億，增之也。夫子孫雖眾，不能千億，詩人頌美，增益其實。〔註36〕

由上文可見王充對於誇張的描述不以為然，他對文義的解釋則有助於正確的瞭解文章。〈藝增篇〉又云：

〔註34〕孫氏《舉正》（卷1，頁13下）：「此乃復述武王之言，『吾』下蓋脫『意』字。」
〔註35〕《論衡校釋》，卷5，頁229～230。
〔註36〕《論衡校釋》，卷8，頁381、383～384。

《詩》曰：「維周黎民，靡有孑遺。」是謂周宣王之時，遭大旱之災也。詩人傷旱之甚，民被其害，言無有孑遺一人不愁痛者。夫旱甚，則有之矣，言無孑遺一人，增之也。夫周之民，猶今之民也。使今之民也，遭大旱之災，貧羸無蓄積，扣心思雨；若其富人穀食饒足者，廩困不空，口腹不飢，何愁之有？天之旱也，山林之間不枯，猶地之水，丘陵之上不湛也。山林之間，富貴之人，必有遺脫者矣，而言「靡有孑遺」，增益其文，欲言旱甚也。〔註37〕

按：詩見〈大雅・雲漢〉。《孟子・萬章上》曾引此詩云：

說《詩》者不以文害辭，不以辭害志，以意逆志，是為得之。如以辭而已矣，〈雲漢〉之詩曰：「周餘黎民，靡有孑遺。」信斯言也，是周無遺民也。〔註38〕

孟子的話，通達而簡潔。王充的解釋，則充分表現了他為文務求「剖破混沌，解決亂絲，言無不可知，文無不可曉」（〈案書篇〉）的作風。這段話的解釋確比孟子清楚，但循此路線發展，也就難免文重詞費的毛病。〔註39〕

平情而論，事實的記錄，固然須以明白準確為第一要義；但即使是史書的撰述，卻也容許適度的誇飾，藉以增加文采，只要不妨害事實的瞭解即可。正如《文心雕龍・夸飾篇》所說：「使夸而有節，飾而不誣，亦可謂之懿也。」〔註40〕文學上的描述，尤其難免誇張修飾。王充對詩人頌美過實不以為然，就不如孟子的看法來得通達了。

王充對文獻記載的要求與解釋，與文獻的考辨有關。因為用詞或理解不正確，不免會對事實的認知造成歪曲，所以本文連帶評介王充對這方面的看法。

九、結論

王充對文獻的使用是否都是正確無誤的？其實不然。扼要的說，有下述幾個缺陷：（一）不明神話的性質，所以或大費篇幅辨其不可信：如〈感虛篇〉辨堯時十日並出，萬物焦枯，堯上射十日，九日去，一日常出。又如〈道虛

〔註37〕《論衡校釋》，卷8，頁385～386。
〔註38〕《四書章句集注》，頁428。
〔註39〕見〈自紀篇〉。又孟子、王充二人對「靡有孑遺」的解說不同，此處不能詳論，以免離題。
〔註40〕《文心雕龍注》，卷8，頁6上。

篇〉辨黃帝騎龍升天。或加以採信，如〈吉驗篇〉信東明逃走，以弓擊水，魚鱉浮為橋，使東明得渡；魚鱉解散，追兵不得渡，因都王夫餘。又如〈龍虛篇〉信《山海經》所說，四海之外，有乘龍蛇之人。（二）不明寓言的性質，逕自以為事實。所以〈自然篇〉、〈齊世篇〉相信三皇之時（〈齊世篇〉作「宓犧之前」），坐者于于，行者居居，乍自以為馬，乍自以為牛。按：這段話本於《莊子‧應帝王》，三皇作泰氏，是莊子慣用的「寓言」手法（參看《莊子‧寓言篇》）。（三）《論衡》不是一本考辨文獻真偽的專書，王充未曾對西漢以前的文獻資料作自覺而有系統的辨偽。因而考辨成果的數量不能說很豐富，也未曾建立一套謹嚴的系統。為了遷就自己的理論，反而不在意於辨別資料的真實性。例如〈骨相篇〉相信黃帝、顓頊、帝嚳等十二聖皆生具異相，是為了證成他的骨相理論，所以就不去追究這些說法的來歷，反而說：「世所共聞，儒所共說，在經傳者，較著可信。」〔註41〕不知他所辨的許多虛妄之事，表面上也都是「較著可信」的！

　　總的來看，王充考辨文獻記載的重大貢獻，不在具體的成果，而是不迷信權威，勇於懷疑的精神，以及他所使用的種種考辨方法。在漢代，乃至在我國學術史上，王充都是個極為特殊的人物，他不迷信傳統和權威，富於懷疑精神，對當時流行的種種虛妄之說提出了強有力的駁斥。在濃厚的崇古風氣下，他卻認為周不如漢，他打破了古代為黃金時代的觀念，不受歷史退化觀的左右，所以能樂觀地注視當代。對於辨正文獻記載上不可靠的說法，他在推理方法上的成就前無古人。王充利用觀察所得的知識駁斥虛妄之說，與近代學者的崇尚相合，可謂先知先覺。至如引據可靠文獻以駁虛妄之說，藉異說對質以呈現問題，以後代史實作為推證古史的比較資料，對史料的記載與解釋要求明白精確。凡此種種，直到目前仍然具有參考採用的價值。所以在辨正文獻的具體成果方面，後人雖已超越了王充；但在精神及識見方面，王充的貢獻卻是具有恆久性的。

　　　　　本文原載《書目季刊》第 18 卷第 4 期，1985 年 3 月。
　　　　收入本書時，初版曾略作修訂；修訂本復續有少量文詞上之修飾。

〔註41〕《論衡校釋》，卷 3，頁 108～112。

玖、《論衡》立說自相矛盾析論

一、民國以前學者概括性的評論

　　《論衡》立說頗有自相矛盾之處，前人曾經零星的指出這種現象，有些學者並曾試圖解釋它的產生原因。大致說來，民國以前學者的批評與解釋大半是簡略的，是概括性的。然而仔細探究，其中也自不乏富於啟示性的議論。入民國後，學者的論述漸趨於細密。可以看出學術界日益講求精細的現象。譬如積薪，後來居上。對於學術來說，這無寧是件可喜的事。

　　以下本節擬先評介民國以前學者概括性的批評與解釋，具體的說法，則將在以後各節，按照問題的性質，和民國以來學者的論述一併討論。

　　晉・葛洪《抱朴子・喻蔽篇》云：

　　抱朴子曰：「余雅謂王仲任作《論衡》八十餘篇，為冠倫大才。有同
　　門魯生難余曰：『……王充著書，……而乍出乍入，或儒或墨。……』
　　抱朴子答曰：『……夫發口為言，著紙為書。書者所以代言，言者所
　　以書事，若用筆不宜雜載，是論議當常守一物。昔諸侯訪政，弟子
　　問仁，仲尼答之，人人異辭。**蓋因事託規，隨時所急。**譬猶治病之
　　方千百，而針灸之處無常，卻寒以溫，除熱以冷，期於救死存身而
　　已。豈可詣者逐一道如齊、楚，而不改路乎？陶朱、白圭之財不一
　　物者，豐也。雲夢、孟諸所生萬殊者，曠也。故淮南《鴻烈》始於
　　〈原道〉、〈俶真〉，而亦有〈兵略〉、〈主術〉。莊周之書，以死生為
　　一，亦有畏犧慕龜，請粟救飢。若以所言不純而棄其文，是治珠翳

而剜眼，療濕痺而刖足，患甍莠而刈穀，憎枯枝而伐樹也。』」〔註1〕

按：王充贊同墨子節葬的主張，但反對明鬼之論，因為他認為這兩種說法不能並立（詳〈薄葬〉、〈案書〉二篇）。魯生所說的「或墨」，指的大概就是王充接受了墨子節葬的主張。對於儒家，王充雖有〈問孔〉、〈刺孟〉之作，為後代許多崇儒的學者所非議。〔註2〕其實王充的立場基本上還是站在儒家這方面。明·熊伯龍（1617～1669）曾把《論衡》可信的篇章（熊氏以為〈問孔〉、〈刺孟〉二篇係小儒之偽作）稱引孔、孟的地方，作過仔細的統計：全書提到孔子的地方，超過三百八十餘次；稱述孟子的地方，不下三十餘次。〔註3〕近人徐道鄰（1906～1973）則依據王充稱呼先秦諸子的差異，指出王充其實很尊崇孔子。徐氏〈王充論〉云：

> 他稱黃帝老子為「賢之純者」（原注：〈自然篇〉），而對孔子則一直稱「聖」（原注：如〈辨祟篇〉），稱之為「道德之祖」（原注：〈本性篇〉）——在王充的詞彙中，「賢」和「聖」是有「小大」之差的（原注：參〈知實篇〉）。〔註4〕

本書第陸篇：〈王充對韓非及文史的批評析論〉，就王充反對法家，維護儒家的立場，有較詳的分析，可以為熊伯龍以來諸學者疏解王充〈問孔〉、〈刺孟〉為反儒的誤會，提供一些新的證據。魯生所謂「或儒」，雖未明白說出其內容，但作上述理解，大概不致距離太遠。但魯生批評王充「或儒或墨」，嚴格來說，並不構成自相矛盾的問題。後人對於前代各派學者的各種主張，本可作選擇性的吸收。倘能融會貫通，自成一套系統，後人實在沒有理由非要把王充納入先秦既有的學派之中不可。王充本非純儒，自然可以接受墨子節葬之說。所以葛洪的辯解，實際上並沒有把握到重點。拿《莊子》、《淮南子》來比，尤其不相干。因為即使二書果有立說矛盾的現象，那是另一回事，並不足為《論衡》立說矛盾開脫。倒是他指出《論衡》立說有「因事託規，隨時所急」的現象，頗富啟示性，某些矛盾情形可藉此得到解釋（說詳第五節）。

宋·黃震（1213～1280）《黃氏日鈔·讀論衡》云（括號出處為筆者所加）：

〔註1〕葛洪著，楊明照校箋，《抱朴子外篇校箋》（北京：中華書局，1997年10月）下冊，頁423、425、435、437、438。
〔註2〕有關這問題的論著目錄，參看本書第陸篇注1。
〔註3〕見《無何集·說二》，頁20～21。又見引於《論衡校釋》引劉氏《集解·附錄》，頁1338～1340。
〔註4〕見《東海學報》第3卷第1期（1961年6月）。

至其隨事各主一說，彼此自相背馳：如以十五說主土龍必能致雨矣（見〈亂龍篇〉），他日又曰：仲舒言土龍難曉（見〈案書篇〉）。如以千餘言力辨虎狼食人非部吏之過矣（見〈遭虎篇〉），他日又曰：虎狼之來，應政失也（見〈解除篇〉）。凡皆以不平之念，盡欲更時俗之說，而時俗之說之通行者，終不可廢。〔註5〕

按：關於土龍是否能致雨的矛盾，詳第七節容肇祖的解釋。關於虎狼之來，應政事之失，這是王充為了駁斥解除可以去凶的迷信，姑引俗論以駁俗論，說詳第五節。

明・謝肇淛（1567～1624）《文海披沙・論衡相背》條云：

《論衡》一書掊擊世儒怪誕之說，不遺餘力。雖詞蕪而俚，亦稱卓然自信矣。至〈驗符〉一篇，歷言瑞應奇異：黃金先為酒樽，後為盟盤，動行入淵。黃龍身大於馬，舉頭顧望。鳳皇、芝草，皆以為實。前後之言，自相悖舛，此豈足為帳中祕哉！〔註6〕

按：謝氏僅指出矛盾的現象，惜未著手解釋其中原因。明・熊伯龍對王充推崇備至，熊氏著有《無何集》，專摘《論衡》批駁虛妄之說，分類臚列，並附說以闡明之，是專力研究《論衡》的第一部重要著作。對於《論衡》立說自相矛盾之處，熊氏不僅注意到了，並且提出了若干極為中肯的解釋，值得後人注意和採擇。熊氏《無何集・讀論衡說》二段云：

余友疑偽作之篇，不但〈問孔〉、〈刺孟〉、〈吉驗〉、〈骨相〉、〈宣漢〉、〈恢國〉、〈驗符〉諸篇，以及〈訂鬼〉後四段之言，恐皆屬偽作。余問何故？友曰：「以其言多虛妄，且自相矛盾，故知之也。仲任之言，前後一律。……獨〈吉驗〉、〈骨相〉之言瑞應，謂命當如此；又謂相者之言果符，真世俗之見也。若〈驗符篇〉之言，又與〈吉驗篇〉相似；〈恢國篇〉之言，全與〈奇怪篇〉不合。至〈訂鬼篇〉後四段之言，與前相反，且語涉虛妄，故疑非仲任作也。」〔註7〕

按：熊氏之友指出了三個疑點：（一）〈驗符〉等篇屢言瑞應。（二）〈骨相篇〉提倡命定論，並說命之貴賤表現於骨體。（三）〈訂鬼篇〉後四段的話，與前言

〔註5〕《黃氏日鈔》（臺北：臺灣商務印書館，1983 年，影印文淵閣《四庫全書》本），卷57，頁1上～2上。

〔註6〕《文海披沙》（明萬曆37年〔1609〕沈儆炌刻本），卷1，頁3上。

〔註7〕《無何集》，頁9。

相反，並且語涉虛妄。他認為上述諸篇語多虛妄，與《論衡》它篇之意矛盾。對於這些矛盾，他以「偽作」來解釋。至於熊氏的見解，頗多翔實可取之處，將在以後各節和近人的論述一併討論。

清‧乾隆帝（1711～1796）〈讀王充論衡〉云：

> 其〈死偽篇〉以杜伯之鬼為無，而〈言毒篇〉又以杜伯之鬼為有。似此矛盾處，不可屈指數。〔註8〕

《學海堂四集》譚宗浚（1846～1888）〈論衡跋〉云：

> 其蹖駁詭謬，自相矛盾者，猶不可枚舉。蓋文士發憤著書，立詞過激，大抵然矣。〔註9〕

按：乾隆與譚氏雖均謂王充立言自相矛盾處不可勝數，但既未明言，自不便臆測。至於譚氏的解釋，係指全書議論而言，並非專指立說矛盾一事。

由上可知，王充立說頗有自相矛盾之處，早已為古來若干學者所注意。他們的評論雖大都簡略，仍然值得後人參考。

二、反對災異說與頌揚漢朝瑞應

王充對於漢代流行的災異說，極力駁斥。茲擇其中具有代表性的兩則例證來說明。〈譴告篇〉云：

> 論災異（者），〔註10〕謂古之人君為政失道，天用災異譴告之也。災異非一，復以寒溫為之效。人君用刑非時則寒，施賞違節則溫。天神譴告人君，猶人君責怒臣下也。……曰：此疑也。……夫天道，自然也，無為。如譴告人，是有為，非自然也。黃、老之家，論說天道，得其實矣。〔註11〕

〈變動篇〉云：

> 論災異者，已疑於天用災異譴告人矣。更說曰：「災異之至，殆人君以政動天，天動氣以應之。譬之以物擊鼓，以椎扣鐘，鼓猶天，椎猶政，鐘鼓聲猶天之應也。人主為於下，則天氣隨人而至矣。」曰：此又疑也。夫天能動物，物焉能動天？……故人在天地之間，猶蚤虱之在衣裳之內，螻蟻之在穴隙之中。蚤虱螻蟻為順逆橫從，能令

〔註8〕〔清〕乾隆帝，《御製文集‧二集‧讀王充論衡》，卷35，頁10下～11上。
〔註9〕譚宗浚，《希古堂集》（清刻本），甲集卷2，頁1下。
〔註10〕黃氏《校釋》：「『論災異』下，脫『者』字。」
〔註11〕《論衡校釋》，卷14，頁634～636。

衣裳穴隙之間氣變動乎？蚤虱螻蟻不能，而獨謂人能，不達物氣之
理也。……天至高大，人至卑小。篙（舊校曰：「或作筳。」）不能
鳴鐘，而螢火不爨鼎者，何也？鐘長而篙短，鼎大而螢小也。以七
尺之細形，感皇天之大氣，其無分銖之驗，必也。〔註12〕

災異的反面就是瑞應，換句話說，災異與瑞應是一事之兩面。這種道理，王
充自身有清楚的認識，他在〈講瑞篇〉裏明白的說：「夫瑞應猶災變也，瑞以
應善，災以應惡，善惡雖反，其應一也。」因此王充一方面反對災異說，一方
面又屢言瑞應，顯然自相矛盾。本文第一節已引述明代謝肇淛及熊伯龍之友
的評論。以下將續評介熊氏及民國以來學者具有代表性的論述，並將重點放
在產生矛盾原因的討論上面。

　　就〈驗符篇〉等篇屢言瑞應的疑點，熊伯龍不贊成偽作之說。熊氏〈讀
論衡說〉二段答其友云（熊氏之友的疑問，見第一節引文。）：

　　余曰：「非然也。仲任不言奇異，而諸篇皆云瑞應，子知其意之所在
　　耶？仲任**忠君愛國，尊重本朝**，以高祖、光武比文王、武王，且謂
　　文帝、武帝、宣帝、孝明帝遠邁周之成、康、宣王，俾後人知漢德
　　隆盛，千古未有，其實非信瑞應也。」〔註13〕

以上熊氏先以「忠君愛國，尊重本朝。」來解釋王充反對災異說，而又屢言瑞
應的矛盾。在三段、四段中，他又以「明哲保身」來補充。三段云：

　　友曰：「仲任之意，子何以知之？」曰：「以讀〈對作篇〉而知之。
　　〈對作篇〉曰：『董仲舒作道術之書，言災異政治所失。主父偃嫉之，
　　誣奏其書，仲舒當死，天子赦之。』苟非主上聖明，仲舒死矣！仲
　　任特著〈須頌篇〉，又著諸篇以明己志。然則仲任極稱漢德，徵以祥
　　瑞，多溢美之辭，襃增君德者，**明哲保身**，君子之道也。」〔註14〕

四段云：

　　友曰：「仲任頌君德，其自言曰：『非以身生漢世，襃增頌歎以求媚
　　稱。』觀仲任此言，則頌君德非襃增矣，子謂之襃增，何耶？」曰：
　　「子未讀李陵書乎？李陵〈答蘇武書〉云：『足下云漢與功臣不薄，
　　子為漢臣，安得不云爾乎！』仲任與蘇武同一意也。不知仲任著書

〔註12〕《論衡校釋》，卷15，頁649～650、655。
〔註13〕《無何集》，頁10。
〔註14〕《無何集》，頁10。

之意，而謂仲任信瑞應，誤矣！」〔註15〕

綜合前述熊氏對王充屢言瑞應的解釋，可以拿「尊重本朝，明哲保身」兩句話來概括。按：王充在〈對作篇〉末言：

> 且凡造作之過，意其言妄而謗誹也，〔註16〕《論衡》實事疾妄，〈齊世〉、〈宣漢〉、〈恢國〉、〈驗符〉、〈盛褒〉、〈須頌〉之言，無誹謗之辭，造作如此，可以免於罪矣。〔註17〕

唐蘭（1901～1979）〈讀論衡〉云：

> 然高祖非龍子與駁讖書之說，皆觸世諱，幸放言巖壑，祕書篋中，故未如禰衡、嵇康之被禍耳。〔註18〕

劉氏《集解》云：

> 充著〈驗符〉等篇以頌東漢，**佛家所謂順世論也**。豈著三增九虛之人，而信任此等事乎！〔註19〕

凡此均可證成熊氏之說。在第五段中，熊氏進一步指出，王充不信瑞應的本意，見之於他篇，善讀者自能領會其意。熊氏云：

> 友問曰：「著書以教後世，既不信瑞應，而又言之鑿鑿，智者或能察，愚者不將昧乎？」曰：「諸篇之語，非難知也。〈宣漢篇〉曰：『太平以治定為效，百姓以安樂為符。』亦非信瑞應之言也。且仲任之言瑞應，有深意也。〈譴告〉、〈變動〉二篇，言災異非天戒，亦非政所致。夫災異非天戒，則祥瑞非天祐；災異非政所致，則祥瑞亦非政所致矣。不信黃精益壽，但觀鈞吻殺人，讀災異可以悟祥瑞，仲任之意殆如此也。且〈死偽篇〉辨趙王如意為祟之說，不信如意之為祟，肯信盛德之致瑞乎？況〈講瑞篇〉亦謂鸜鵒非惡，鳳凰、麒麟非善；〈指瑞篇〉又言麟、鳳有道則來，無道則隱之妄；〈是應篇〉言蓂脯、蓂莢之非，又考景星、甘露之解。又況高祖之母夢與神遇，〈奇怪篇〉已辨其謬；高祖斬蛇，蛇為白帝子，〈紀妖篇〉明其非實。仲任尊崇本朝，屢言祥瑞，而不信祥瑞之實已露其意於他篇，惟善讀者能會其意也。至〈齊世篇〉之言符瑞并至，〈卜筮篇〉之言天人

〔註15〕《無何集》，頁10。
〔註16〕劉氏《集解》：「『意』字疑當為『惡』之譌，形相似也。」
〔註17〕《論衡校釋》，卷29，頁1185。
〔註18〕見劉氏《集解》附錄，收入《論衡校釋》，頁1356。
〔註19〕劉氏《集解》附錄，收入《論衡校釋》，頁1330。

并佑，不過與〈吉驗〉諸篇之言祥瑞者同意，不必辨也。」〔註20〕
按：王充著作《論衡》的主旨，他以「疾虛妄」（〈佚文篇〉）一語來概括。
災異說是虛妄的說法之一，所以王充在〈譴告〉、〈變動〉等篇駁斥政事乖違
將招致災異之說。災異的反面就是瑞應，換句話說，災異與瑞應是一事的兩
面。王充既駁斥災異之說，而又屢言漢家瑞應，這是一種顯著的矛盾現象。
對於這一點，王充不可能沒有自覺。所以他的屢屢提及漢朝瑞應，顯然是有
意的。因此熊氏認為不信詳瑞是王充的本意，屢言詳瑞是為了「尊重本朝，
明哲保身。」劉盼遂（1896～1966）說這是「佛家所謂順世論也」，意思和
熊氏相似。

馮友蘭（1895～1990）《中國哲學史》，以為王充雖反對災異說，而屢言
漢代符瑞，係受時代之影響。馮氏云：

> 王充雖攻擊陰陽家之學（筆者按：此處指災異說），然亦主有符瑞
> 之說。《論衡‧宣漢篇》歷舉漢代所現符瑞，幾幾乎陰陽家之說矣。
> 以「疾虛妄」，立論務求實證之王充，亦主有其所謂命，並主有符瑞
> 之說，可見時代影響之大，雖特異之士，亦有時難自拔也。〔註21〕

按：如依馮氏所說，則王充果真相信瑞應。實際上熊伯龍早已明白指出，王
充「屢言祥瑞而不信祥瑞」（見前引文）。至於時代對個人的影響，可以是正
面的，也可以是反面的。王充生當災異、瑞應二說流行之時，他一方面力斥
災異說，另一方面卻屢屢提及漢朝瑞應，而他卻又明明知道「瑞應猶災變也」
（〈講瑞篇〉），這當中顯然另有文章，絕非「時代影響」這樣單純的因素所能
充分解釋。

蕭公權（1897～1981）以為王充徵引瑞應以頌揚漢朝功德，表面上是尊
今，而隱寓卑古之意，是秦漢人士對於政治生活最嚴重之失望呼聲。蕭氏《中
國政治思想史》云：

> 「齊世宣漢」表面尊今，而隱寓卑古之實。……以事實上不完美之
> 兩漢，上齊於理想中完美之三王。事實不容抹煞，則「宣漢」云云，
> 直無異取「黃金時代」之幻夢一舉而摧毀無餘。充謂治亂不關人事，
> 是現在之努力為徒勞也。又謂盛世必還為衰亂，是未來之希冀為虛
> 妄也。茲復證上世與漢同德，是過去亦無足留戀也。於是茫茫宇宙

〔註20〕《無何集》，頁11。
〔註21〕舊本《中國哲學史》，頁600～601。

－133－

之中更無足以企慕追求之境界，而人類歷史不過一無目的，無意義，無歸宿之治亂循環而已。吾人之詮釋如尚不誤，則王充之思想乃秦漢人士對於政治生活最嚴重之失望呼聲，不徒暗示秦漢之政策為庸人自擾，即專制政體之本身亦受無條件之譴責。《論衡》「無誹謗之辭」，而實古今罕有之謗書。充本人或未自覺，其思想之含義則極顯明也。〔註22〕

按：蕭氏的話不免求之過深，蕭氏既然說「充本人或未自覺」，明白指出上引一段話為其推衍所得之結論，不必為王充之本意。因著作者之本意為一事，後人由此推衍出更進一層的意義為另一事。餘參下段徐道鄰對蕭說的批評。

徐道鄰一方面為王充的瑞應論辯護，另一方面也對其他學者的解釋有所批評。關於前者，徐氏〈王充論〉云：

王充的瑞應論，是一種頗為冷靜的 sober 的思想建構，和他其他排斥迷信的理論，並不一定衝突。〔註23〕

關於後者，徐氏云：

因之我們就無須乎懷疑〈吉驗〉等篇之為「偽作」，因為我們不應該太隨便的提出這一類的假設（筆者按：以上評熊伯龍之友，熊氏之友的說法詳第一節）。也不必認為王充本不信瑞應，祇為了忠君愛國，才故意言之（以上評熊伯龍）；或者他表面是「尊今」，事實上卻是在「卑古」（以上評蕭公權）。因為王充不像是這麼曲折複雜的人。……我也並不覺得他的思想是「最嚴重之失望」，和「極度悲觀的結論」：因為一個極度悲觀之人，還會「閉門潛思，戶牖牆壁，各著刀筆」，寫二十多萬字的書，以求「悟迷惑之心」，孳「純誠之化」乎（以上評蕭公權）？〔註24〕

按：徐氏忽略了熊伯龍另一半的解釋：「明哲保身」，所以對熊氏的批評不夠周全。此外對熊氏之友及蕭公權的批評，都很可取。

勞思光（1927～2012）《中國哲學史》以為王充仍相信符瑞。勞氏云：

王充雖反讖緯及天人關係之說，仍相信符瑞；又力頌朝廷，作〈宣

〔註22〕《中國政治思想史》，頁377～378。
〔註23〕見《東海學報》第3卷第1期（1961年6月）。
〔註24〕《東海學報》第3卷第1期（1961年6月）。

漢〉，〈須頌〉等篇；則其人究是否特重經驗科學之態度，亦尚可
疑。〔註25〕

按：勞氏和馮氏、徐道鄰同樣認為王充相信瑞應，他們都忽略了王充明明知
道災異與瑞應是一事之兩面（詳前引〈講瑞篇〉文），所以王充既反對災異之
說，不可能真的相信瑞應。

　　對於王充反對災異說及頌揚漢朝瑞應的現象，徐復觀（1904～1982）以
為均是為了「進身朝列的憑藉」，換句話說，就是為了「干祿」。關於前者，徐
氏〈王充論考〉云：

> 漢代的天人感應說，亦即是災異說，主要不是對一般人而言，而是
> 在政治上對皇帝而言。⋯⋯光武以圖讖代災異，所以災異說的影響，
> 在東漢的分量，不及西漢元帝及其以後的嚴重；但其對皇帝行為的
> 約束性，依然相當存在的。皇帝、朝廷，是王充精神中的理想國，
> 是他千方百計所追求的。一旦由他的自然的天道觀，把感應災異之
> 說打倒了，而一切歸於不可知，亦無可奈何的命運，這對於皇帝，
> 對於朝廷，的確是精神上的一大解放，同時在政治上也是他的一大
> 貢獻。⋯⋯但他並不是根本否定災異，也不是否定災異說者所舉出
> 的不德之行的事實，而只是，認為災異與行為之間，沒有感應的關
> 係，他把這種關係說成是「適偶」，即是適逢其會的偶然巧合。他以
> 為這種為皇帝解除精神威脅，或可成為他進身朝列的憑藉。〔註26〕

按：王充著書的主旨，既然是「疾虛妄」（〈佚文篇〉），災異說是他所批判的一
系列虛妄之事中的一環。所以王充駁斥災異說，就理論的發展來說，是很自
然的一件事。至於徐氏的解釋，出於臆測，並無確據。關於後者，徐氏云：

> ⋯⋯他在〈講說（瑞）篇〉中再三以「鳳凰騏驎難知」，而斥以鳳凰
> 等為祥瑞的虛偽；這是他原來的觀點。但在最後卻反轉來說「案永
> 平（原注：明帝年號）以來，迄於章和（原注：章帝改元之年號，
> 不及兩年而崩），甘露常降，故知眾瑞皆是，而鳳凰騏驎皆真也。」
> 他何以這樣地無聊呢？無非想由此得到朝廷的知遇。〔註27〕

按：徐氏通過「干祿」這一個理由，把王充反對災異說與頌揚漢朝瑞應的矛

〔註25〕《新編中國哲學史》（臺北：三民書局，1981 年），第二冊，頁 138。
〔註26〕《兩漢思想史》卷 2，頁 621～622。
〔註27〕《兩漢思想史》卷 2，頁 574。

盾，以及王充瑞應論本身的矛盾（熊伯龍已先徐氏指出王充「屢言祥瑞而不信祥瑞之實，見前引文」），一概都解決了。如果徐氏的說法能夠成立，則王充的學術品格就非常糟糕了！徐氏此一解釋的缺點，仍然是出於臆測，並無確據。在從事動機推測的時候，還是謹慎一些的好，否則難免不流於厚誣他人！

比較起來，明‧熊伯龍及近人劉盼遂的解釋最為通達。現在把他們的話作摘要的複述，以清眉目。熊氏認為不信祥瑞是王充的本意，屢言祥瑞是為了「尊重本朝，明哲保身。」劉氏認為「充著〈驗符〉等篇以頌東漢」，乃是「佛家所謂順世論也。」所以王充一方面反對災異說，另一方面又頌揚漢朝的瑞應，在理論上來說是一種矛盾，不過這種矛盾的存在卻是另有苦衷的。

此外，在王充的瑞應論中，還存在偶然與必然混淆的矛盾。〈初稟篇〉云：

> 吉人舉事，無不利者，人徒不召而至，瑞物不招而來，黯然諧合，若或使之。出門聞告（吉），〔註28〕顧眄見善，自然道也。文王當興，赤雀適來；魚躍烏飛，武王偶見，非天使雀至、白魚來也，吉物動飛，而聖遇也。〔註29〕

〈指瑞篇〉云：

> 聖人聖物，生於盛、衰世。聖王遭見聖物，猶吉命之人逢吉祥之類也，其實相遇，非相為出也。〔註30〕

據此，瑞物並非故意來到，只是偶然與聖王相逢而已。但〈指瑞篇〉又云：

> 王者受富貴之命，故其動出，見吉祥異物，見則謂之瑞。瑞有小大，各以所見，定德薄厚。〔註31〕

〈驗符篇〉云：

> 皇瑞比見，其出不空，必有象為，隨德是應。〔註32〕

是聖王之遭遇瑞物，乃是必然的。偶然與必然的混淆，在下引兩段話中尤為明顯。〈指瑞篇〉云：

> 吉凶之物來至，自當與吉凶之人相逢遇矣。〔註33〕

〔註28〕孫氏《舉正》（卷1，頁9上）：「『告』當作『吉』，形近之誤。」
〔註29〕《論衡校釋》，卷3，頁131。
〔註30〕《論衡校釋》，卷17，頁747。
〔註31〕《論衡校釋》，卷17，頁747。
〔註32〕《論衡校釋》，卷19，頁844。
〔註33〕《論衡校釋》，卷17，頁750。

〈驗符篇〉云：

> 瑞出必由嘉士，祐至必依吉人也，天道自然，厥應偶合。〔註34〕

在王充看來，聖王見瑞物，既是必然，也是偶然。造成這種矛盾的原因，恐怕不是因為王充本來不信瑞應，只為了明哲保身而言瑞應所造成的。而是在王充的思想中，對偶然和必然的觀念本來就混淆不清。這種缺陷在解釋人生的窮達禍福時尤為嚴重，說詳下節的分析。

三、適偶說與命定論

世間芸芸眾生，地位貴賤高低，各自相異。而在個人的一生中，窮達禍福，也每每隨時不同。究竟是什麼因素決定了這些差異和變化呢？對於這個問題，王充首先認為這和個人操行的清濁，以及聰明才智的高低無關。〈逢遇篇〉云：

> 才高行潔，不可保以必尊貴；能薄操濁，不可保以必卑賤。或高才潔行，不遇，退在下流；薄能濁操，遇，在眾上。〔註35〕

〈命祿篇〉云：

> 是故才高行厚，未必保其必富貴；智寡德薄，未可信其必貧賤。〔註36〕

按：王充所說，確實是一個由來已久，現實世界中普遍存在的事實。但這樣說問題仍然未獲解答，於是王充提出了兩種說法，來解釋人生境遇何以各自不同的問題。他的第一個解釋是適偶說，〈逢遇篇〉云：

> 處尊居顯，未必賢，遇也；位卑在下，未必愚，不遇也。〔註37〕

〈累害篇〉云：

> 脩身正行，不能來福；戰栗戒慎，不能避禍。禍福之至，幸不幸也。〔註38〕

〈幸偶篇〉云：

> 凡人操行，有賢有愚，及遭禍福，有幸有不幸。舉事有是有非，及觸賞罰，有偶有不偶。並時遭兵，隱者不中；同日被霜，蔽者不傷。

〔註34〕《論衡校釋》，卷19，頁845。
〔註35〕《論衡校釋》，卷1，頁1。
〔註36〕《論衡校釋》，卷1，頁20。
〔註37〕《論衡校釋》，卷1，頁1。
〔註38〕《論衡校釋》，卷1，頁10。

中傷未必惡，隱蔽未必善，隱蔽幸，中傷不幸。俱欲納忠，或賞或罰；並欲有益，或信或疑。賞而信者未必真，罰而疑者未必偽，賞信者偶，罰疑不偶也。〔註39〕

根據上引數則，可見王充是把人生地位的高下，以及遭遇的禍福，歸因於偶然性的遇與不遇，幸與不幸，偶與不偶。這就是適偶說的內涵。

王充的第二個解釋是命定論，在這裏他把適偶說也括進了命定的大框框中。〈命祿篇〉云：

凡人遇偶及遭累害，皆由命也。有死生壽夭之命，亦有貴賤貧富之命。自王公逮庶人，聖賢及下愚，凡有首目之類，含血之屬，莫不有命。命當貧賤，雖富貴之，猶涉禍患，（失其富貴）矣。命當富貴，雖貧賤之，猶逢福善，（離其貧賤）矣。〔註40〕故命貴從賤地自達，命賤從富位自危。故夫富貴若有神助，貧賤若有鬼禍。命貴之人，俱學獨達，並仕獨遷；命富之人，俱求獨得，並為獨成。貧賤反此：難達，難遷，（難得），〔註41〕難成；獲過受罪，疾病亡遺，失其富貴，貧賤矣。……故夫臨事知愚，操行清濁，性與才也；仕宦貴賤，治產貧富，命與時也。命則不可勉，時則不可力，知者歸之於天。〔註42〕

不僅個人有貴賤禍福之命，國也有盛衰治亂之命。〈治期篇〉云：

孔子曰：「道之將行也與，命也；道之將廢也與，命也。」由此言之，教之行廢，國之安危，皆在命時，非人力也。……人皆知富饒居安樂者命祿厚，而不知國安治化行者歷數吉也。故世治非賢聖之功，衰亂非無道之致。國當衰亂，賢聖不能盛；時當治，惡人不能亂。世之治亂，在時不在政；國之安危，在數不在教。賢不賢之君，明不明之政，無能損益。〔註43〕

王充的命定論又與星命骨相的迷信結合在一起。他認為從骨體可以看出命的

〔註39〕《論衡校釋》，卷 2，頁 37。
〔註40〕孫氏《舉正》（卷 1，頁 1 下）：「《文選》劉孝標〈辨命論〉，注引『猶涉禍患』下，有『失其富貴』一句；『猶逢福善』下，有『離其貧賤』一句。今本誤脫，當據補。」
〔註41〕孫氏《舉正》（卷 1，頁 1 下）：「『難遷』下脫『難得』二字。」
〔註42〕《論衡校釋》，卷 1，頁 20。
〔註43〕《論衡校釋》，卷 17，頁 769、771。

貴賤，〈骨相篇〉云：

> 人曰命難知，命甚易知。知之何用？用之骨體。人命稟於天，則有
> 表候（見）於體。〔註44〕察表候以知命，猶察斗斛以知容矣。表候
> 者，骨法之謂也。……是故知命之人，……案骨節之法，察皮膚之
> 理，以審人之性命，無不應者。〔註45〕

王充又認為人的富貴貧賤，由於稟受星氣有尊卑大小所致。他在〈命義篇〉
解說「富貴在天」一句話時說：

> 至於富貴，所稟猶性；所稟之氣，得眾星之精。眾星在天，天有其
> 象，得富貴象則富貴，得貧賤象則貧賤，故曰「在天」。在天如何？
> 天有百官，有眾星，天施氣而眾星布精。天所施氣，眾星之氣在其
> 中矣。人稟氣而生，含氣而長，得貴則貴，得賤則賤。貴或秩有高
> 下，富或貲有多少，皆星位尊卑小大之所授也。〔註46〕

不過人所稟氣的厚薄，純出於偶然。〈幸偶篇〉云：

> 俱稟元氣，或獨為人，或為禽獸。並為人，或貴或賤，或貧或富。
> 富或累金，貧或乞食；貴至封侯，賤至奴僕。非天稟施有左右也，
> 人物受性有厚薄也。〔註47〕

適偶之與命定，顯然是矛盾的。但王充卻硬是把這兩種矛盾的說法結合
起來，用以解釋人生何以有地位高低，遭遇禍福的不同現象。〈偶會篇〉云：

> 命，吉凶之主也，自然之道，適偶之數，非有他氣旁物厭勝感動使
> 之然也。……丈夫有短壽之相，娶必得早寡之妻；早寡之妻，嫁亦
> 遇夭折之夫也。……非相賊害，命自然也。……故軍功之侯，必斬
> 兵死之頭；富家之商，必奪貧室之財。……故屬氣所中，必加命短
> 之人；凶歲所著，必饑虛耗之家矣。〔註48〕

在王充看來，這許多「必」，既是偶然，又是命定。這層意思，在說明子胥伏
劍、屈原自沉時尤為明白。〈偶會篇〉云：

> 偶二子命當絕，子蘭、宰嚭適為讒，而懷王、夫差適信姦也。君適
> 不明，臣適為讒，二子之命，偶自不長，二偶三合，似若有之，其

〔註44〕黃氏《校釋》：「『候』下當挩『見』字。」
〔註45〕《論衡校釋》，卷3，頁108、116。
〔註46〕《論衡校釋》，卷2，頁47～48。
〔註47〕《論衡校釋》，卷2，頁40。
〔註48〕《論衡校釋》，卷3，頁99、104、107。

實自然，非他為也。〔註49〕

在這一段裏，命定與適偶同樣的是矛盾的結合著。

關於上述適偶說與命定論的矛盾，民國以來，若干學者曾經評論過。有些認為二說自相矛盾，有些則企圖加以彌縫。以下各擇若干具有代表性，且較為明白的批評與解釋。

胡適（1891～1962）在〈王充的論衡〉一文中，指出王充的適偶說與命定論是不相容的。他說：

> 王充……把禍福看作偶然的遭逢，本是很有理的。可惜他終究不能完全脫離當時的迷信。……富貴貧賤與兵燒壓溺，其實都應該歸到外物的遭逢偶合。王充受了當時星命骨相迷信的影響，故把富貴貧賤歸到星位的尊卑大小，卻不知道這種說法和他的〈逢遇〉、〈幸偶〉、〈累害〉等篇是不相容的。既說富貴定於天象，何以又說禍福由於外物的累害呢？〔註50〕

胡適既認為適偶說「很有理」，自然不滿意王充的命定論。但他替王充的命定論尋找了一個很好的藉口，就是為了推翻當時天人感應的說法：

> 王充的命定論，雖然有不能使人滿意的地方，但是我們都可以原諒他，因為他的動機只是要打破「人事可以感動天道」的觀念。故他極力提倡這種「莫之致而至」的命定論，要人知道死生富貴貧賤兵燒壓溺都是有命的，是不能改變的。他要推翻天人感應的宗教，故不知不覺的走到極端，主張一種極端的有命論。不但人有命，國也有命。王充這種主張，也是對於人天感應的災異祥瑞論而發的。……王充的國命論是規勸那些迷信災異祥瑞的君主的。我們知道他們當時的時勢，便可懂得他們的學說的用意。懂得他們的用意，便能原諒他們的錯謬了。〔註51〕

按：王充的適偶說與命定論，從其說法的內容及起因看，都是為了解釋個人地位何以有貴賤高低之差異，境遇何以有窮達禍福之不同而提出的。國命論則是個人命定論的自然延伸。所以把王充提出適偶說的起因撇開不談，單獨把他的命定論看做是為了「推翻天人感應的宗教」而提出的，應非王充提出

〔註49〕《論衡校釋》，卷3，頁99。
〔註50〕《論衡校釋》，附編四，頁1291～1292。
〔註51〕《論衡校釋》，附編四，頁1292、1294。

命定論的本意，充其量只能說附帶有此作用而已。

　　馮友蘭《中國哲學史》，雖未明白指出適偶說與命定論之矛盾，但將此二說認定為「實證」與「虛妄」之對立。換句話說，就是「實證」與「虛妄」的矛盾。馮氏云：

> 行善者不必有福，為惡者不必有禍。人之受禍受福，全視其遭遇有幸有不幸。王充若只就此點立論，則與其自然主義的宇宙觀及人生觀相合，與事實亦相符。但王充立論，尚不止此。以為人之幸不幸之遭遇，皆命中所已定。……不獨個人有貴賤禍福之命，國亦有盛衰治亂之命。……由斯而言，則個人之貧賤禍福，一國之治亂盛衰，皆有其命。……此人之貧賤禍福，此國之興衰治亂，皆其先決定的命運之實現，人力絲毫不能改變之。此所謂命，正世俗所謂命，其中頗有迷信之分子。王充於此，蓋亦未能免於世俗之見也。〔註52〕

對於這種現象，馮氏的解釋是：

> 以「疾虛妄」，立論務求實證之王充，亦主有其所謂命，……可見時代影響之大，雖特異之士，亦有時難自拔也。〔註53〕

按：王充費了大量的篇幅（〈逢遇〉、〈累害〉、〈命祿〉、〈幸偶〉、〈命義〉、〈偶會〉、〈骨相〉等篇）討論個人境遇的問題，顯示他對這個問題極為關心。這種現象應有其個人特殊的因素，而不只是時代的影響而已。這特殊的因素，就是他個人在仕途上沉頓的遭遇。關於這點，徐復觀在〈王充論考〉一文中，曾特別強調王充個人遭遇對《論衡》中的思想產生鉅大的影響，可以補充馮說。徐氏云：

> 切就王充而論，他個人的遭遇，對於他表現在《論衡》中的思想所發生的影響之大，在中國古今思想家中，實少見其比。
>
> 〈自紀篇〉：「充仕數不耦」。「涉世落魄，仕數黜斥」。「俗性貪進忽退，收成棄敗」。又「俗材因其微過，蜚條陷之」（按：以下徐氏歷引《論衡》有關適偶說與命定論的資料數則，此處從略）。……本來關於人的行為與結果，偶然的因素很大。偶然的因素，不是人自身可以把握得了的。尤其是在封建與專制的政治社會結構之中，權勢常挾不合理的事情以強加於各種各樣的人的身上，貧賤富貴，更不易由行為與結果的因果關係來加以解釋；所以在春秋時代，便已出

〔註52〕舊本《中國哲學史》，頁598～600。
〔註53〕舊本《中國哲學史》，頁600～601。

現命運之命的觀念。接著便有骨相學的興起。至秦大一統的專制政治成立，一般人更成為被動的存在，這些觀念，便更為發展。但像王充這樣，為了保護自己，而將此種觀念發展成為一個理論的系統，以為爾後命相學奠基礎，在思想家裡面，卻是非常之少的。〔註54〕

關於王充的適偶說與命定論，徐氏也認為是矛盾的。他指出偶然的觀念實即對於命定論的否定。徐氏云：

王充既非常動心於禍福利害，而又對行為失去信心，乃完全委任之於命運；命運並不能真正確定於骨相，而只能驗之於事後。在未驗之前，人生是茫然的。即在既驗之後，人生也只是感到突然的。……他實際所感受的人生，都是偶然性的人生。他所強調的自然，也是偶然的性格。「偶然」的觀念，貫通於他整個思想之中。……王充雖然在〈命祿篇〉說：「凡人遇偶及遭累害，皆由命也。」但究不如〈命義篇〉所說的「故夫遭遇幸偶，或與命祿並，或與命祿離」二語之為確當。把生命完全安放在命運裏面的人生，實即把生命安放在偶然裏面的人生，也即是一種漂泊無根的人生，這是命運論自身的否定。〔註55〕

徐氏又指出，在王充的命運觀裏，還有一個「求」的觀念，〔註56〕與他的命定論相矛盾。雖然這觀念「在王充全部思想中，是點綴性的，是非常薄弱的一條線。」〔註57〕但卻發生了積極性的作用，可據以解釋王充的人生何以仍然充滿活力。因為若完全依照命定的理論推衍下去，人生是全然無望的。關於這點，蕭公權在《中國政治思想史》裏說（括號出處為筆者所加）：

善行不能造命，而神仙方術，亦並無回天之力。「形不可變化，命不可減加。」（卷2〈無形篇〉，頁59）「天無上升之路」（卷7〈道虛篇〉，頁319），海無「不死之藥」（卷7〈道虛篇〉，頁333）。行善於身何益？求仙更為徒勞。然則人類生活之中殆不復有希望之餘地矣。〔註58〕

〔註54〕《兩漢思想史》卷2，頁563、576～577。
〔註55〕《兩漢思想史》卷2，頁634～635。
〔註56〕〈命祿篇〉云：「天命難知，人不耐（能）審，雖有厚命，猶不自信，故必求之也。……有求而不得者矣，未必不求而得之者也。」見《論衡校釋》，卷1，頁26。
〔註57〕《兩漢思想史》卷2，頁634。
〔註58〕《中國政治思想史》，頁373。

徐氏則說：

> 按順著王充的命運論，……可以引出一個結論來，即是人應當完全
> 過着安命的生活。但他在〈命祿篇〉又提出一「求」字來；求必有
> 求的線索，於是他把與命運全完切斷了的行為，又重新搭上一條線，
> 以為求命的線索；這固然是他思想的矛盾，也可以說是他的思想的
> 缺口。因為有了這一點缺口，才不至把人生完全悶死在命運的乾坤
> 袋裏，而王充本人，依然表現出十分積極性的人生。〔註59〕

按：王充一生所求的事業，一是仕宦，二是著作。他在仕宦生涯不得意之後，
即依靠著書立說來求「名傳於千載」（〈自紀篇〉）。他肯定了文人及文章的價
值，為自己的生命開拓了一條坦蕩的出路，從而表現了積極的人生態度，不
僅著作宏富，而且得以年登古稀。〔註60〕如果說他是個認為人生「不復有希
望餘地」，而不是個生命力極充沛的人，實在是難以想像的。所以徐道鄰說：
「一個極度悲觀之人，還會『閉門潛思，戶牖牆壁，各著刀筆』，寫二十多萬
字的書，以求『悟迷惑之心』，摯『純誠之化』乎？」（〈王充論〉）根據上述推
論，徐復觀對王充立說自相矛盾的分析，是較為周備的。

企圖將適偶說與命定論的矛盾加以解釋彌縫的，以蕭公權的說法最早，
最具代表性。蕭氏《中國政治思想史》云：

> 充認宇宙間一切事物之發生，悉由偶然之際會。此偶然之際會充
> 號之為「命」，故曰：「命，吉凶之主也。自然之道，適偶之數，
> 非有他氣旁物厭勝感動使之然也。」然所謂偶然者，就宇宙全體
> 言之也。天運自然，事物自生，既非有意，更無目標。故得謂之
> 偶然。若就各個之事物言，則偶然之會，絕不由己（筆者按：既
> 是偶然，自然不由己），而一經具體，改造無方。偶然者遂有必然
> 之勢（原注：「就各個事務言，受命必然之理不必隨時可見，則遭
> 際似出偶然。卷一〈逢遇〉、〈累害〉等篇均就此立論。」筆者按：
> 所謂偶然，至此一轉而為必然）。就人類言之，稟生之初，即以定
> 命。「有死生壽夭之命，亦有貴賤貧富之命。」此後一生遭際，皆
> 受二命之支配。……善行不能造命，而神仙方術，亦並無回天之
> 力。……行善於身何益？求仙更為徒勞。然則人類生活之中殆不

〔註59〕《兩漢思想史》卷2，頁633～634。
〔註60〕說詳本書第伍篇第三節：〈文人地位及文章價值的肯定〉。

　　　　復有希望之餘地矣。〔註61〕

按：按照蕭氏的解釋，所謂偶然，只發生於人稟生之初。換句話說，人受胎稟
氣的厚薄，純出於偶然（參看前引〈幸偶篇〉文）。此後一生遭際，全屬命定
的範圍，再無偶然可言。如果王充對「適偶」與「命定」適用的範圍，觀念上
分別得真是如此清晰，問題就很單純了。王充只要用一、兩篇文章，應該就
可以把這個問題交代得清清楚楚。然而他卻連篇累牘的分別討論蕭氏所說「似
出偶然」的遭際，同時又用大量篇幅說明人命和國命的命定不移。可見問題
顯然不如蕭氏所說那樣單純。

　　除了適偶與命定論的矛盾外，就命定論本身之中，也還存在若干矛盾的
現象。關於這個問題，梁榮茂先生著有〈王充的性命論研究〉，〔註62〕文中對
此現象有詳細的分析，本文就不作重複的討論了。

　　綜合上述論證，適偶說與命定論，彼此確實存在偶然與必然混淆的矛盾。
推究產生這種現象的原因，扼要的說，首先是人生的遭際極為複雜，原本易於
包容許多不同的解釋。根本的原因則是王充在思想系統的一貫性方面還有缺陷，
所以才會有立說自相矛盾的情形存在。關於這點，可以藉元代學者韓性（1266
～1341）的話來說明，就是王充對於「理之一者有所未明」（〈論衡序〉）。〔註63〕

四、人性論

　　依照王充對人性形成的理論看，人性的善惡和命的吉凶一樣，是先天決
定的。因為稟氣有厚薄，所以人性有善惡。而且人性的善惡也同樣可以從形
體骨法上看得出來。〈無形篇〉云：

　　　　用氣為性，性成命定。〔註64〕

〈初稟篇〉云：

　　　　人生受性，則受命矣。性命俱稟，同時並得，非先稟性，後乃受
　　　　命也。〔註65〕

〈本性篇〉云：

　　　　稟性受命，同一實也：命有貴賤，性有善惡。謂性無善惡，是謂人

〔註61〕《中國政治思想史》，頁 373。

〔註62〕《國立編譯館館刊》第 10 卷第 10 期（1981 年 6 月），頁 1～34。

〔註63〕見《論衡校釋》附編六・〈論衡舊序〉，頁 1315。

〔註64〕《論衡校釋》，卷 2，頁 59。

〔註65〕《論衡校釋》，卷 3，頁 125。

命無貴賤也。〔註66〕

〈命祿篇〉云：

> 天命吉厚，不求自得；天命凶厚，求之無益。夫物不求而自生，則
> 人亦有不求貴而自貴者矣。人情有不教而自善者，有教而終不善者
> 矣：天性猶命也。〔註67〕

以上數則，說明人性與命的形成原理相同。稟性對善惡的決定性，正如命對吉凶的決定性一樣。至於人性何以會有善惡的不同，〈率性篇〉云：

> 稟氣有厚泊，故性有善惡也。……稟之泊少，故其操行不及善人，
> 猶（酒）或厚或泊也。〔註68〕……人之善惡，共一元氣。氣有少多，
> 故性有賢愚。〔註69〕

以稟氣的厚薄（泊）來解釋人性的善惡，正和〈幸偶〉、〈氣壽〉等篇以稟氣的厚薄多少來解釋命的貴賤壽夭一樣。〈骨相篇〉云：

> 非徒富貴貧賤有骨體也，而操行清濁亦有法理。……非徒命有骨法，
> 性亦有骨法。……由此言之，性命繫於形體，明矣。〔註70〕

以上說明性和命一樣，可以從形體骨法上看出其善惡。根據上述說明，可知王充論人性，在理論的結構方面，與論命相似。

順著這種人性論的結構，自然會得出人性善惡不可改易的結論來。〈命祿篇〉云：

> 人情有不教而自善者，有教而終不善者矣：天性猶命也。〔註71〕

〈非韓篇〉云：

> 凡人稟性也，清濁貪廉，各有操行，猶草木異質，不可復變易也。
> 〔註72〕

但在〈本性篇〉裏，王充一方面將人性分為上中下，另一方面在評告子論人性時，認為中人之性可移，惟極善極惡不可移易：

〔註66〕《論衡校釋》，卷3，頁142。
〔註67〕《論衡校釋》，卷1，頁26。
〔註68〕孫氏《舉正》（卷1，頁7上）引吳承仕曰：「『猶』下當有『酒』字，『猶』、
　　　　『酒』形近而奪。」
〔註69〕《論衡校釋》，卷2，頁80～81。
〔註70〕《論衡校釋》，卷3，頁120、122。
〔註71〕《論衡校釋》，卷1，頁26。
〔註72〕《論衡校釋》，卷10，頁438。

　　無分於善惡，可推移者，謂中人也，不善不惡，須教成者也。故孔
　　子曰：「中人以上，可以語上也；中人以下，不可以語上也。」……
　　孔子曰：「性相近也，習相遠也。」夫中人之性，在所習焉，習善而
　　為善，習惡而為惡也。至於極善極惡，非復在習，故孔子曰：「惟上
　　智與下愚不移。」性有善不善，聖化賢教，不能復移易也。〔註73〕

至〈程材〉、〈量知〉二篇，論到人性時，則重在說明後天的環境及學問的工
夫，可以影響人性。〈程材篇〉云：

　　蓬生麻間，不扶自直；白紗入緇，不染自黑。此言所習善惡，變易
　　質性也。儒生之性，非能皆善也，被服聖教，日夜諷詠，得聖人之
　　操矣。〔註74〕

〈量知篇〉云：

　　夫儒生之所以過文吏者，學問日多，簡練其性，彫琢其材也。故夫
　　學者所以反情治性，盡材成德也。〔註75〕

又云：

　　切瑳琢磨，乃成寶器。人之學問，知能成就，猶骨象玉石，切瑳琢
　　磨也。〔註76〕

又云：

　　山野草茂，鉤鐮斬刈，乃成道路也。士未入道門，邪惡未除，猶山
　　野草木未斬刈，不成路也。〔註77〕

凡此均在說明後天的工夫可以變異質性，惟尚未明說性惡之人亦可以經由教
化而變善，在〈率性篇〉中則明白的說「惡可變為善」。其間〈量知篇〉所說
「士未入道門，邪惡未除。」可視為「中人之性可變」向「性惡之人亦可變
善」過渡的橋梁。〈率性篇〉云：

　　論人之性，定有善有惡。其善者，固自善矣；其惡者，故可教告率
　　勉，使之為善。凡人君父審觀臣子之性，善則養育勸率，無令近惡；
　　（近）惡則輔保禁防，〔註78〕令漸於善。善漸於惡，惡化於善，成

〔註73〕《論衡校釋》，卷3，頁137。
〔註74〕《論衡校釋》，卷12，頁545。
〔註75〕《論衡校釋》，卷12，頁546。
〔註76〕《論衡校釋》，卷12，頁550。
〔註77〕《論衡校釋》，卷12，頁552。
〔註78〕黃氏《校釋》引楊守敬曰：「下『近』字衍。」

為性行。……**人之性，善可變為惡，惡可變為善**，……蓬生麻間，

不扶自直；白紗入緇，不練自黑。彼蓬之性不直，紗之質不黑，麻扶

緇染，使之直黑。夫人之性猶蓬紗也，在所漸染而善惡變矣。〔註79〕

由上引這段話，王充明白的肯定人為的教化可以使性惡的人變善。

根據上述說明，可知王充對於人性的說法凡三種：（一）人的稟性不可變異。（二）中人之性可移，惟極善極惡不可移。（三）性惡之人亦可變善。這三種說法不能並立，是顯而易見的事。由此再次暴露王充在思想系統的一貫性方面確實有所缺陷（參看第三節末段）。

五、方便立說，姑從俗論

部分矛盾現象，是由於王充特殊的立說方式所致。即《抱朴子·喻蔽篇》所說：「因事託規，隨時所急。」黃震所說：「隨事各主一說」，「時俗之說之通行者，終不可廢。」（詳第一節引文）熊伯龍說：「有引俗論以駁俗論者。」其中以熊氏的說法最為明白扼要，熊氏〈讀論衡說〉十段云：

至于每篇之中，有引俗論以駁俗論者。如熒惑徙舍，〈變虛篇〉已辨

其妄，〈感虛篇〉取以證襄公麾日之事，此借俗論以駁俗論也。讀者

須究心焉，勿以仲任為信虛妄者。諸如此類，宜善讀之。〔註80〕

按：〈感虛篇〉云：「宋景公推誠出三善言，熒惑徙三舍，實論者猶謂之虛。」〔註81〕「實論者」即王充自稱，熊氏舉例可能偶而疏忽，不過他的理解卻是可取的。

以上三家所說的話意思相似，可作如下的理解：王充為了駁斥某些俗論，有時就暫且姑從另一些俗論。乍看似乎與他在別處的說法矛盾，實際上這是為了方便立說所採取的方式。因此須分清何者為其基本立場，何者為其一時權宜的說法。本書第陸篇第二節：〈王充對韓非的批評〉，曾舉一例說明；第柒篇第六節：〈王充對漢代禁忌的批評（四）：方便立說層層設問〉，曾舉二例說明，本節再舉二例作為補充。

例如〈遭虎篇〉以千餘字力辯虎狼之來非官吏之過，這是王充的基本立場。而〈解除篇〉則云：

〔註79〕《論衡校釋》，卷2，頁68、70～71。

〔註80〕《無何集》，頁13。

〔註81〕《論衡校釋》，卷5，頁233。

> 虎狼入都，弓弩巡之，雖殺虎狼，不能除虎狼所為來之患。盜賊攻
> 城，官軍擊之，雖卻盜賊，不能滅盜賊所為至之禍。虎狼之來，應
> 政失也；盜賊之至，起世亂也；然則鬼神之集，為命絕也。殺虎狼，
> 卻盜賊，不能使政得世治；然則盛解除，驅鬼神，不能使凶去而命
> 延。〔註82〕

「虎狼之來，應政失也」二句下，黃氏《校釋》云：「與〈遭虎篇〉宗旨相違。
蓋俗習共然，故因為說。」所以這二句是姑從俗論，目的在於駁斥解除可以
去凶的俗論。由「虎狼」四句類推，王充得到「鬼神之集，為命絕也」的結
論，從而證明「盛解除，驅鬼神，不能使凶去而命延。」又「鬼神之集」二句
也是姑從俗說，王充的基本立場是不信鬼神，〈解除篇〉續云：

> 案天下人民，夭壽貴賤，皆有祿命；操行吉凶，皆有衰盛。祭祀不
> 為福，福不由祭祀，世信鬼神，故好祭祀。祭祀無鬼神，故通人不
> 務焉。〔註83〕

又〈論死篇〉云：「死人不為鬼。」〈譏日篇〉云：「實者百祀無鬼，死人無知。」
〈對作篇〉云：「死無知，不能為鬼。」〔註84〕凡此均是王充的基本立場，「然
則鬼神之集，為命絕也」二句，則是一時的權宜說法。

又如〈寒溫篇〉力駁說寒溫者「人君喜則溫，怒則寒」的說法，〔註85〕
是違背事實的，這是王充的基本立場。而〈感虛篇〉則云：

> 世稱南陽卓公為緱氏令，蝗不入界。蓋以賢明至誠，災蟲不入其縣
> 也。此又虛也。夫賢明至誠之化，通於同類，能相知心，然後慕服。
> 蝗蟲，闊蛇之類也，何知何見，而能知卓公之化？……如謂蝗蟲變，
> 與闊蛇異，夫寒溫，亦災變也（黃氏《校釋》：「從說寒溫者之說。」），
> 使一郡皆寒，賢者長一縣，一縣之界能獨溫乎？夫寒溫不能避賢者
> 之縣，蝗蟲何能不入卓公之界？〔註86〕

似乎王充相信寒溫之說，實際上這只是一時姑從俗論，以便駁斥官吏賢明能
令蝗不入界的另一種俗論。類似的例子，《論衡》隨在多有，這些說法看似矛
盾，其實不然，應該把它視為王充立說慣用的特殊方式。

〔註82〕《論衡校釋》，卷25，頁1042。
〔註83〕《論衡校釋》，卷25，頁1043。
〔註84〕分見《論衡校釋》，卷20，頁871；卷24，頁992；卷29，頁1184。
〔註85〕《論衡校釋》，卷14，頁626。
〔註86〕《論衡校釋》，卷5，頁257～258。

六、其他次要的矛盾說法

除以上所述幾類比較重要的矛盾情形外,《論衡》還有不少互相矛盾的說法,以致於連極端推崇他的熊伯龍,也不能不承認這是「小疵」,但熊氏不贊成其友疑為偽作的解釋。熊氏〈讀論衡說〉六段云:

> 如〈訂鬼〉後四段之言,此小疵耳。〈書虛篇〉言杜伯為鬼之非,〈死偽篇〉又言杜伯不能為鬼,而〈言毒篇〉又言杜伯為鬼,凡此之類,皆小疵也。篇有小疵,則削而不錄可也,何用疑乎?〔註87〕

又七段云:

> 又如信公牛哀化虎,以為生物轉為生類,亦未察也。夫牛哀病七日而化虎,語本《淮南》。《淮南》云:「方其為虎,不知其常為人;方其為人,不知其且為虎。」夫《淮南》之言虎,猶莊周之言蝶也,不知為虎為人,猶言不知為周為蝶也,此不過寓言耳。仲任〈無形篇〉不信其說,而〈論死篇〉中又信以為真,何哉?〔註88〕

按:本段熊氏列舉王充立言之過,似比「小疵」嚴重,不過衡量本則矛盾,與六段所說大略相同,所以也不妨一併列入「小疵」一類。

以下再舉二則例子,來為熊氏之說提供佐證。〈率性篇〉云:

> 「賜不受命,而貨殖焉。」賜本不受天之富命,所加貨財積聚,為世富人者,得貨殖之術也。夫得其術,雖不受命,猶自益饒富。〔註89〕

〈問孔篇〉則云:

> 孔子曰:「賜不受命,而貨殖焉,億則屢中。」何謂不受命乎?說曰:「(不)受當富之命,〔註90〕自以術知,數億中時也。」夫人富貴,在天命乎?在人知也?如在天命,知術求之不能得;如在人,孔子何為言「死生有命,富貴在天」?⋯⋯世無不受貴命而自得貴,亦知無不受富命而自得富者。〔註91〕

這二則同樣討論子貢因貨殖而富有的原因,〈率性篇〉以為子貢不受天之富命,但憑貨殖之術致富。〈問孔篇〉則以為孔子的話有問題,不受命之說不

〔註87〕《無何集》,頁 11。
〔註88〕《無何集》,頁 12。
〔註89〕《論衡校釋》,卷 2,頁 74。
〔註90〕黃氏《校釋》:「『受』上脫『不』字。」
〔註91〕《論衡校釋》,卷 9,頁 418。

能成立，如無富命，人不能憑貨殖之術致富。二者互相矛盾。又如〈道虛篇〉云：

> 世或以老子之道為可以度世，恬淡無欲，養精愛氣。夫人以精神為
> 壽命，精神不傷，則壽命長而不死。……夫草木無欲，壽不踰歲；
> 人多情欲，壽至於百。此無情欲者反天，有情欲者壽也。夫如是，
> 老子之術，以恬淡無欲、延壽度世者，復虛也。〔註92〕

而〈自然篇〉則云：

> 謂天自然無為者何？氣也，恬澹無欲，無為無事者也，老聃得以壽
> 矣。〔註93〕

二說也是自相矛盾。類似的例證尚多，為免徒佔篇幅，茲不贅舉。

推究造成這些矛盾說法的原因，除了王充在思想系統的一貫性方面有缺陷以外，另一個原因當是各篇完成時間不同所致。黃暉所撰《王充年譜》，考定王充著作《論衡》的時間云：

> 總上所考，則知《論衡》大半作於章帝時。〈講瑞篇〉云：「此論草
> 於永平之初。」至和帝永元中，還改定舊稿。則仲任於此書致力前
> 後凡三十年，亦云勤矣。〔註94〕

著作時間不同的各篇，難免有說法相異之處，王充在晚年改定舊稿時，未能把這些矛盾加以整理統一，是一件很令人惋惜的事。

七、以偽作解釋矛盾現象的商榷

懷疑《論衡》當中有偽作的，始於明・熊伯龍。熊氏〈讀論衡說〉一段云：

> 仲任蓋宗仲尼者也，〈問孔〉、〈刺孟〉二篇，小儒偽作，斷非仲任之
> 筆。〔註95〕

熊氏的用意，在於為王充辯護，王充因為〈問孔〉、〈刺孟〉二篇，受到許多尊儒的學者批評（詳黃氏《校釋》附編三・《論衡舊評》及劉氏《集解・附錄》所收前人舊評），所以熊氏把這二篇判為偽作，而把王充歸為宗孔子的學者。按：王充的基本立場雖然是屬於儒家（參看本文第一節及本書第陸篇），並不能必然證明〈問孔〉、〈刺孟〉是偽造的。尤其對於立說常常自相牴牾的王充，

〔註92〕《論衡校釋》，卷7，頁334～335。
〔註93〕《論衡校釋》，卷18，頁776。
〔註94〕《論衡校釋》，附編二，頁1232。
〔註95〕《無何集》，頁9。

更不能輕易說某篇是偽作。熊氏的說法，顯然是武斷的。至於熊氏之友因為《論衡》部分文章「言多虛妄，且自相矛盾。」因而懷疑〈吉驗〉、〈骨相〉、〈宣漢〉、〈恢國〉、〈驗符〉諸篇，以及〈訂鬼篇〉後四段的話，都是偽作。對於這些懷疑，熊氏不表贊同，並且作了合理的解釋，澄清了偽作之說的誤解。熊氏的說法，已詳第二節，此處不再複述。

關於〈亂龍篇〉以十五說為董仲舒作土龍求雨辯護，宋·黃震已指出與〈案書篇〉所說「土龍可以致雨，頗難曉也」矛盾，但未懷疑其中有偽造的可能。胡適《中國哲學史大綱》卷上〈導言〉，認為〈亂龍篇〉極力為董仲舒作土龍求雨一事辯護，與全書的宗旨相反，明是後人假造的。容肇祖（1897～1994）因此特地寫了一篇〈《論衡》中無偽篇考〉，[註96]容氏論證翔實，茲簡述其中的三項要點：

（一）容氏認為通觀《論衡》全書，說及土龍的事頗不少，而都沒有和〈亂龍篇〉的見解相反的。因此他認為王充的思想，是反對天人感應的迷信，但于類感類應的想像，尚未徹底的清晰，所以不免為董仲舒土龍求雨的見解辯護。其次，王充以為董仲舒信土龍是有緣故的，當然土龍不能致雨，王充也知道，但是他為董仲舒辯護，因為設土龍求雨是為憂念百姓，只要致精誠，是可以不顧物之真偽的。〈亂龍篇〉所說「以禮示有四義」，便是這種見解。

（二）容氏又指出，〈案書篇〉說：「仲舒之言，雩祭可以應天，土龍可以致雨，頗難曉也。」但是這篇又說：「孔子終論，定於仲舒之言。其修雩治龍，必將有義，未可怪也。」王充的思想在〈案書〉一篇之中已互相衝突，何況《論衡》一書為多年中集合的作品！

（三）容氏的結論是：《論衡》一書，內中不免有衝突的矛盾的見解，然而本于王充個人的思想有矛盾、衝突之處，而並非其中有偽篇。容氏並提到，胡適後來也已改變了〈亂龍〉等篇為後人加入的意見。

根據上述說明，可知以「偽作」為理由，來解釋《論衡》立說自相矛盾的現象，是行不通的。

八、結論

根據以上的討論，《論衡》不乏立說自相矛盾的情形，原因可歸納為三

[註96] 原文刊於 1936 年 6 月 26 日天津《大公報·史地週刊》第 91 期，收入《論衡校釋》·附編五，及《容肇祖集》（濟南：齊魯書社，1989 年 9 月）。

點：（一）王充在思想系統的一貫性方面有缺陷，所以元‧韓性說王充對於「理之一者有所未明」。（二）為了明哲保身，所以王充一方面力斥災異說，另一方面卻屢屢稱道漢朝瑞應。（三）《論衡》的著作時間長達三十年，完成時間不同的各篇，難免有說法彼此牴牾之處。

　　不論原因如何，對於一位思想家來說，立說自相矛盾終究是一個重大的缺憾！在評論王充的學術地位時，應該把他在這方面的缺陷，列為考慮的重要因素之一。

引用書目

一、傳統文獻（略以著作先後為序）

1. 題孔安國傳，孔穎達疏，《尚書注疏》，臺北：藝文印書館，1976 年，影印嘉慶二十年〔1815〕江西南昌府學刊本。

2. 鄭玄注，孔穎達疏，《禮記注疏》，臺北：藝文印書館，1976 年，影印嘉慶二十年〔1815〕江西南昌府學刊本。

3. 范甯集解，楊士勛疏，《春秋穀梁傳注疏》，臺北：藝文印書館，1976 年，影印嘉慶二十年〔1815〕江西南昌府學刊本。

4. 唐玄宗注，邢昺疏，《孝經注疏》臺北：藝文印書館，1976 年，影印嘉慶二十年〔1815〕江西南昌府學刊本。

5. 裘錫圭主編，湖南省博物館、復旦大學出土文獻與古文字研究中心編纂，《長沙馬王堆漢墓簡帛集成》（肆），北京：中華書局，2014 年。

6. 孫詒讓著，《墨子閒詁》，臺北：河洛圖書出版社，1975 年。

7. 朱熹著，《四書章句集注》，臺北：大安出版社，1994 年。此本後來改由臺大出版中心出版。

8. 荀子著，梁啟雄釋，《荀子簡釋》，北京：中華書局，2009 年。

9. 韓非著，陳奇猷集釋，《韓非子集釋》，臺北：河洛圖書出版社，1974 年。

10. 呂不韋等著，陳奇猷校釋，《呂氏春秋校釋》，上海：學林出版社，1990 年。

11. 諸祖耿著，《戰國策集注匯考》（增補本），南京：鳳凰出版社，2008 年。

12. 司馬遷著，裴駰集解，司馬貞索隱，張守節正義，《史記》，北京：中華書局，1972 年。又 2013 年修訂本。

13. 梁玉繩著，《史記志疑》，廣雅書局《史學叢書》本，收入楊家駱主編《四史辨疑》，臺北：鼎文書局，1977 年。

14. 瀧川資言著，《史記會注考證》，通行本。

15. 王充著，黃暉校釋，《論衡校釋》，北京：中華書局，1990 年。

16. 劉盼遂著，《論衡集解》，北京：中華書局將此書併入黃暉，《論衡校釋》，1990 年。

17. 應劭著，王利器校注，《風俗通義校注》，臺北：明文書局，1982 年。

18. 孫人和著，《論衡舉正》，臺北：廣文書局，1975 年。

19. 班固著，《漢書》，北京：中華書局，2010 年。

20. 班固著，顏師古集注，王先謙補注，《漢書補注》，臺北：藝文印書館影印清光緒庚子〔1900〕長沙王氏校刊本，1972 年。

21. 王符著，汪繼培箋，彭鐸校正，《潛夫論箋》，北京：中華書局，1985 年。

22. 應劭著，王利器校注，《風俗通義校注》，臺北：明文書局，1982 年。

23. 荀悅著，《漢紀》，臺北：臺灣商務印書館，1971 年。

24. 司馬彪著，《續漢書志》，收入范曄《後漢書》，北京：中華書局，1982 年。

25. 葛洪著，楊明照論箋，《抱朴子外篇校箋》，北京：中華書局，1997 年。

26. 范曄著，《後漢書》，北京：中華書局，1982 年。

27. 惠棟著，《後漢書補注》，北京：北京圖書館出版社影印嘉慶德裕堂刻本，2004 年。

28. 劉義慶著，楊勇校箋，《世說新語校箋》（修訂本），臺北：正文書局，2000 年。

29. 劉勰著，范文瀾注，《文心雕龍注》，臺北：臺灣開明書店，1966 年。

30. 蕭統等編，李善等注，《增補六臣註文選》，臺北：華正書局影印宋末刊本，1977 年。

31. 余光華編，《評註昭明文選》，臺北：學海出版社，1981 年。

32. 劉知幾著，浦起龍釋，《史通通釋》，臺北：臺灣中華書局，1970 年。

33. 劉昫等著，《舊唐書》，臺北：鼎文書局，1981 年。

34. 李昉等編，《太平御覽》，臺北：臺灣商務印書館，《四部叢刊》三編本，1975 年。

35. 司馬光著，《資治通鑑》，北京：中華書局，1992 年。

36. 朱熹述，黎靖德編，《朱子語類》，臺北：正中書局影印明成化九年〔1473〕江西藩司覆刊宋咸淳六年〔1270〕導江黎氏本，1962 年。

37. 朱熹著，《朱子文集》，臺北：德富文教基金會，2000 年。

38. 徐天麟著，《西漢會要》，臺北：世界書局，1963 年。

39. 黃震著，《黃氏日鈔》，臺北：臺灣商務印書館影印文淵閣《四庫全書》本，1983 年。

40. 王應麟著，《困學紀聞》，《四部叢刊》三編影元本。

41. 謝肇淛著，《文海披沙》，明萬曆 37 年〔1609〕沈儆炌刻本。

42. 顧炎武著，黃汝成集釋，《日知錄集釋》，石家莊：花山文藝出版社，1991 年。

43. 熊伯龍著，《無何集》，北京：中華書局，1979 年。

44. 王夫之著，《讀通鑑論》，臺北：里仁書局，1982 年。

45. 乾隆帝著，《御製文集》，臺北：臺灣商務印書館，影印文淵閣《四庫全書》本，1983 年。

46. 杭世駿著，《道古堂文集》，乾隆 41 年〔1776〕刻，光緒 14 年〔1888〕汪曾唯修本。

47. 惠棟著，《後漢書補注》，北京：北京圖書館出版社影印嘉慶德裕堂刻本，2004 年。

48. 王鳴盛著，《十七史商榷》，上海：上海書店出版社，2005 年。

49. 趙翼著，《廿二史劄記》，臺北：鼎文書局，1975 年。

50. 錢大昕著，《十駕齋養新錄》，上海：商務印書館，1935 年。

51. 錢大昕著，呂友仁標校，《潛研堂集》，上海：上海古籍出版社，1989 年。

52. 永瑢等編，《四庫全書總目提要》，臺北：藝文印書館，1989 年。

53. 王念孫著，《讀書雜志》，北京：中華書局，1991 年。

54. 梁玉繩著，《史記志疑》，收入楊家駱主編《四史辨疑》，臺北：鼎文書局，1977 年。

55. 周壽昌著，《漢書注校補》，臺北：鼎文書局，1977 年。

56. 譚宗浚著，《希古堂集》，清刻本。

57. 孫詒讓著，《札迻》，北京：中華書局，1989 年。

58. 陶鴻慶著，《讀諸子札記》，北京：中華書局，1959 年。

二、近人論著（以作者姓氏筆畫為序）

1. 王國維著，《觀堂集林》，收入《王國維遺書》第 1～4 冊，上海：上海古籍出版社，未著出版年月。

2. 田宗堯著，《論衡校證》，臺北：國立臺灣大學文學院，1964 年。

3. 朱師轍著，《商君書解詁定本》，臺北：河洛圖書出版社，1975 年。

4. 余光華編，《評註昭明文選》，臺北：學海出版社，1981 年。

5. 余英時著，《歷史與思想》，臺北：聯經出版事業公司，1976 年。

6. 邢義田著，〈試釋漢代的關東、關西與山東、山西〉，《食貨月刊》第 13 卷第 1、2 期，1983 年 5 月，頁 15～30。

7. 邢義田著，〈試釋漢代的關東、關西與山東、山西補遺〉，《食貨月刊》第 13 卷第 3、4 期，1983 年 7 月，頁 144～146。

8. 邢義田著，〈秦漢的律令學──兼論曹魏律博士的出現〉，《中央研究院歷史語言研究所集刊》第 54 本第 4 分，1983 年 12 月，頁 51～101。

9. 李偉泰著，〈韓非子一書中的歷史解釋與歷史事實〉，《中山學術文化集刊》第 19 集，1977 年 3 月，頁 711～716。

10. 李偉泰著，《兩漢尚書學及其對當時政治的影響》（修訂本），臺北：花木蘭文化事業有限公司，2019 年。

11. 李源澄著，《秦漢史》，臺北：臺灣商務印書館，1977 年。

12. 屈師萬里著，《書傭論學集》，臺北：臺灣開明書店，1969 年。又收入《屈萬里全集》之十四，臺北：聯經出版事業公司，1984 年。

13. 柯慶明著，《文學美綜論》，臺北：長安出版社，1983 年。

14. 容肇祖著，〈《論衡》中無偽篇考〉，天津《大公報・史地週刊》第 91 期，1936 年 6 月 26 日。收入黃暉《論衡校釋》，附編五，及《容肇祖集》，濟南：齊魯書社，1989 年。

15. 徐道鄰著，〈王充論〉，《東海學報》第 3 卷第 1 期，1961 年 6 月，頁 197～215。

16. 徐復觀著，《兩漢思想史》卷 2，臺北：臺灣學生書局，1979 年。

17. 錢穆著，《秦漢史》，香港：著者再版本，1966 年。

18. 錢穆著，《國史大綱》（修訂本），香港：商務印書館，1989 年。

19. 梁榮茂著，〈王充的性命論研究〉，《國立編譯館館刊》第 10 卷第 10 期，1981 年 6 月，頁 1～34。

20. 陳叔良著，《王充思想體系》，臺北：臺灣商務印書館，1982。

21. 傅樂成著，《漢唐史論集》，臺北，聯經事業出版有限公司，1977。

22. 傅樂成著，〈西漢文景時代政情之分析〉，《臺大歷史學報》第 5 期，1978 年 6 月，頁 19～30。

23. 勞思光著，《新編中國哲學史》，臺北：三民書局，1981 年。

24. 勞榦著，《秦漢史》，臺北：華岡出版有限公司，1975 年。

25. 勞榦著，〈關於「關東」及「關西」的討論〉，《食貨月刊》第 13 卷第 3、4 期，1983 年 7 月，頁 142～143。

26. 馮友蘭著，《中國哲學史》（舊本），臺北：通行本，不著年份。

27. 曾資生著，陶希聖校訂，《中國政治制度史》第一冊，臺北：啟業書局，1973。

28. 程樹德著，《九朝律考》，臺北：臺灣商務印書館，1973 年。

29. 楊樹藩著，《兩漢中央政治制度與法儒思想》，臺北：臺灣商務印書館，1977。

30. 劉文典著，《三餘札記》，合肥：黃山書社，1990 年。

31. 蕭公權著，《中國政治思想史》，臺北：聯經出版事業公司，1982 年。

32. 蔣祖怡著，《王充卷》，鄭州：中州書畫社，1983 年。

33. 戴師君仁著，《梅園論學集》，臺北：臺灣開明書店，1970 年。

34. 薩孟武著，《中國政治思想史》，臺北：三民書局，1979 年增補三版。

35. 嚴耕望著，《中國地方行政制度史上編卷上‧秦漢地方行政制度》，臺北：中央研究院歷史語言研究所，1974 年。

36. 顧頡剛編，《古史辨》第一冊，臺北：明倫出版社，1970 年，影印樸社初版本。

初版後記

　　本書各篇為著者近幾年來在教學之餘所作，完成時間雖先後不一，但在彙集成書前，曾經做了全面修訂的工作，所以代表個人目前的見解。由於各篇原本各自獨立，為說明同類問題，彼此不免有部分重複之處，修訂時則盡量避免不必要的重出，改採互見之法；但必要時也保留了一小部分，以免讀者前後翻檢的不便。

　　本書分為兩個單元，前四篇談漢初學術及其政治背景，而以「秦本位政策」及漢初儒者的反應為中心論題。後五篇討論王充個人，以及《論衡》的某些問題。在論題的選擇與行文方面，大致上採取詳人所略，略人所詳，有意見則細論，無意見則略說的態度。兩個單元均折衷前人及時賢說法，間出己意，不敢自視以為定論，但求免於平居無所用心之譏而已，所以命名為「述論稿」。本書撰寫及修訂期間，承多位師長和友人提示治學方法，惠借珍本，謹在此致最誠摯的謝意。

偉泰　謹識

中國民國七十四年五月

（一九八五年五月）

於國立臺灣大學中國文學系

附錄：項羽對秦政策之檢討

李偉泰

摘要

　　項羽以「復仇者」的姿態出現在秦人面前，他既無意佔領關中，也無意繼承秦帝國的一統天下。項羽僅旨在為楚國和項氏復仇，並使天下恢復到戰國時期諸侯分立的局面而已。究其原因，可概括為三：（一）對敵人殘暴，對自己人恭敬慈愛的性格。（二）與秦人有國恨家仇的宿怨。（三）視秦滅六國為莫大的罪惡，順應六國之後復國的願望，以及起義軍將領裂土封王的心願，所以分封十八諸侯，並自立為西楚霸王，將天下恢復到如同戰國時期諸侯分立的局面。其後果是使他和秦人結下深仇大恨；隨後退出關中，致使當時地理形勢最為優越，物質資源最為豐富的地區落入劉邦集團手中；而其分封諸侯之舉又不能普徧滿足野心家的企望，遂致紛紛叛亂，使項羽陷入既無如同關中一般穩固的後方，又復多面作戰的困境，終於使一代英雄落得烏江自刎的下場，令無數後人為之歎息不已！而其亡秦之功，以及磊落的英雄襟懷，透過史公傳神的文筆，使他雖然敗在戰場，卻贏得了後人內心的尊敬，永遠的活在每一代後人的心中！

　　關鍵詞：1.項羽、2.對秦政策、3.復仇者、4.天下觀、5.關中

一、引言

　　項羽對待秦人的態度，可以用「復仇者」三字概括：入關之前，他阬殺了二十餘萬秦降卒；〔註1〕入關之後，他「引兵西屠咸陽，殺秦降王子嬰，燒秦宮室，火三月不滅；收其貨寶婦女而東。」致使他和秦人之間仇上加仇，加以秦宮殿都已燒毀，遂託言「富貴不歸故鄉，如衣繡夜行，誰知之者！」退出戰略形勢最為優越，物質資源最為豐富的關中地區。〔註2〕此舉乃是項羽致命的錯誤，顧祖禹（1631～1692）總結歷史經驗，於《讀史方輿紀要‧陝西方輿紀要序》中指出狹義的關中，即陝西優越的地理形勢：

> 陝西據天下之上游，制天下之命者也。是故以陝西而發難，雖微必大，雖弱必強，雖不能為天下雄，亦必浸淫橫決，釀成天下之大禍。往者……沛公起自徒步，入關而王漢中，乃遂收巴、蜀，定三秦，五年而成帝業。……項羽率諸侯兵而入咸陽也，天下大勢，已在掌握中，乃不用韓生之說，還都彭城，譬猶操戈而授人以柄。……吾觀自古以來為天下禍者，往往起於陝西，……然則陝西之為陝西，固天下安危所係也，可不畏哉！〔註3〕

顧氏又於〈四川方輿紀要序〉中指出巴、蜀二郡，即四川為「王者之資」，或「霸者之規」：

> 四川非坐守之地也，以四川而爭衡天下，上之足以王，次之足以霸，恃其險而坐守之，則必至於亡。昔者漢高嘗用之矣，漢高王巴、蜀，都南鄭，出陳倉，定三秦，戰於滎陽、成皋之間，而天下遂歸於漢。……然則蜀之為蜀可知矣，席勢乘便，奮發有為，此王者之資也；四方多故，礪兵秣馬，踦角於羣雄間，此霸者之規也，否則苟延歲月而已。〔註4〕

項羽何以輕易放棄關中？自有其勢所必然的道理。況且歷史現象的形成也需要解釋明白，既可辨明事理，兼可作為後人借鏡之用，所以下文擬就項羽所

〔註1〕《史記》，卷7〈項羽本紀〉（北京：中華書局，1972年5月），頁310，修訂本頁392～393。

〔註2〕本文對「關中」一詞大多取廣義之解釋，指戰國末年秦國故地。少部分則指今陝西關中盆地一帶。讀者不難由上下文辨明其義。

〔註3〕顧祖禹著，《讀史方輿紀要》（臺北：洪氏出版社，1981年1月），第三冊，頁2239、2241。

〔註4〕《讀史方輿紀要》，第四冊，頁2815～2816。

作所為的前因後果作一檢討。

二、項羽的性格及國恨家仇

項羽的性格，是對敵人殘暴，對自己人恭敬慈愛。《史記》有多處明文記載，茲摘錄數則為例。關於前者，〈高祖本紀〉載：

> 秦二世三年（前 207 年），楚懷王……與諸將約，先入定關中者王之。當是時，秦兵彊，常乘勝逐北，諸將莫利先入關。獨項羽怨秦破項梁軍，奮，願與沛公西入關。懷王諸老將皆曰：「項羽為人僄悍猾賊。項羽嘗攻襄城，襄城無遺類，皆阬之，諸所過無不殘滅。……今項羽僄悍，今不可遣。」〔註5〕

〈項羽本紀〉載：

> 漢之四年（前 203 年）……（項王擊外黃），外黃不下。數日，已降，項王怒，悉令男子年十五已上詣城東，欲阬之。外黃令舍人兒年十三，往說項王曰：「彭越彊劫外黃，外黃恐，故且降，待大王。大王至，又皆阬之，百姓豈有歸心？從此以東，梁地十餘城皆恐，莫肯下矣。」項王然其言，乃赦外黃當阬者。東至睢陽，聞之皆爭下項王。〔註6〕

從這兩條資料，可以充分看出項羽對敵人的殘暴。而高起、王陵說「項羽仁而愛人」，〔註7〕陳平說「項王為人，恭敬愛人。」〔註8〕則呈現項羽對自己人的恭敬慈愛。韓信的〈漢中對〉對這兩方面都有敘述和評論：

> 項王見人恭敬慈愛，言語嘔嘔，人有疾病，涕泣分食飲，至使人有功當封爵者，印刓敝，忍不能予，此所謂婦人之仁也。……項王所過無不殘滅者，天下多怨，百姓不親附，特劫於威彊耳。名雖為霸，實失天下心。故曰其彊易弱。〔註9〕

「見人恭敬慈愛，言語嘔嘔，人有疾病，涕泣分食飲。」這是項羽對自己人恭敬慈愛的一面；「所過無不殘滅者」，這是項羽對敵人殘暴的一面。前者不能滿足野心分子封爵分土的願望，後者引起敵人的恐懼自保。尤其在這些人可

〔註5〕《史記》，卷8〈高祖本紀〉，頁356～357，修訂本頁448～449。
〔註6〕《史記》，卷7〈項羽本紀〉，頁329，修訂本頁413～414。
〔註7〕《史記》，卷8〈高祖本紀〉，頁381，修訂本頁475。
〔註8〕《史記》，卷56〈陳丞相世家〉，頁2055，修訂本頁2483。
〔註9〕《史記》，卷92〈淮陰侯列傳〉，頁2612，修訂本頁3150。

以選擇盟友的時候，更是致命的缺點。所以項羽展現的性格極其率真，就尋常人而言，這種率真的性格有其可敬之處；但就政治人物而言，卻是非常不利的因素。

關於國恨，〈項羽本紀〉記載范增的話說：

> 夫秦滅六國，楚最無罪。自懷王入秦不反，楚人憐之至今，故楚南公曰「楚雖三戶，亡秦必楚」也。〔註10〕

關於家仇，項氏與秦有世仇：

> 項氏世世為楚將，封於項。

> 其季父項梁，梁父即楚將項燕，為秦將王翦所戮者也。

> （秦）悉起兵益章邯，擊楚軍，大破之定陶，項梁死。〔註11〕

國恨家仇同時也是其他六國遺民所共有的心理，領導者如果不能妥善化解，自然容易造成冤冤相報的局面。不幸當項羽身為「諸侯上將軍，諸侯皆屬焉」的時侯，他既不能化解自身國恨家仇的心理，也不能約束諸侯吏卒對秦吏卒的報復舉動，遂使他們以「復仇者」的面貌出現於秦人之前。

三、秦人面對「復仇者」和「解放者」

對秦人而言，項羽及其所率領的諸侯軍是前來索命的「復仇者」；劉邦所率領的軍隊則是「解放者」。關於前者，令秦人寒心的第一件事，乃是項羽阬殺二十餘萬秦降卒。〈項羽本紀〉記載事件的原委說：

> 諸侯吏卒異時故繇使屯戍過秦中，秦中吏卒遇之多無狀，及秦軍降諸侯，諸侯吏卒乘勝多奴虜使之，輕折辱秦吏卒。秦吏卒多竊言曰：「章將軍等詐吾屬降諸侯，今能入關破秦，大善；即不能，諸侯虜吾屬而東，秦必盡誅吾父母妻子。」諸侯微聞其計，以告項羽。項羽乃召黥布、蒲將軍計曰：「秦吏卒尚眾，其心不服，至關中不聽，事必危，不如擊殺之，而獨與章邯、長史欣、都尉翳入秦。」於是楚軍夜擊阬秦卒二十餘萬人新安城南。〔註12〕

〔註10〕《史記》，卷7〈項羽本紀〉，頁300，修訂本頁381。

〔註11〕《史記》，卷7〈項羽本紀〉，頁295、303，修訂本頁375、385。《索隱》：「此云為王翦所殺，與《楚漢春秋》同，而〈始皇本紀〉云項燕自殺。不同者，蓋燕為王翦所圍逼而自殺，故不同耳。」按：〈六國年表〉、〈楚世家〉、〈王翦列傳〉、〈蒙恬列傳〉亦云殺項燕。

〔註12〕《史記》，卷7〈項羽本紀〉，頁310，修訂本頁392～393。

事件的原因很清楚：項羽在事前不能約束諸侯吏卒不對秦降卒展開報復，諸侯吏卒基於報復心理，隨意折辱秦吏卒，引發這些俘虜的不滿情緒。項羽為恐入關之後發生難以控制的事變，竟出之於阬殺二十餘萬降卒的下策。保守估計，如果每一降卒有至親四、五人，這一阬殺事件就使項羽和百餘萬秦人結下了血海深仇。

令秦人寒心的第二件事，是接下來項羽放縱士兵燒屠咸陽的舉動，使得秦人對項羽徹底失望。〈項羽本紀〉說：

> 項羽引兵西屠咸陽，殺秦降王子嬰，燒秦宮室，火三月不滅；收其貨寶婦女而東。〔註13〕

〈高祖本紀〉說：

> 項羽遂西，屠燒咸陽秦宮室，所過無不殘破。秦人大失望，然恐，不敢不服耳。〔註14〕

如果秦人面對的所有起義軍都是前來索命的「復仇者」，那麼他們除了反抗之外，也只有認命了。然而他們別有一個可以投靠的「解放者」，那就是領先其他諸侯入關，由劉邦所率領的另一支楚軍。劉邦集團別具高瞻遠矚的眼光，入關時刻意把自己裝扮成「解放者」的模樣。其中最為人所熟知的作法是向秦民宣佈「約法三章」，除秦苛法。〈高祖本紀〉記載劉邦入關後的措施：

> 漢元年（前206年）十月，沛公兵遂先諸侯至霸上。秦王子嬰素車白馬，係頸以組，封皇帝璽符節，降軹道旁。諸將或言誅秦王。沛公曰：「始懷王遣我，固以能寬容；且人已服降，又殺之，不祥。」乃以秦王屬吏，遂西入咸陽。欲止宮休舍，樊噲、張良諫，乃封秦重寶財物府庫，還軍霸上。召諸縣父老豪桀曰：「父老苦秦苛法久矣，誹謗者族，偶語者弃市。吾與諸侯約，先入關者王之，吾當王關中。與父老約，法三章耳：殺人者死，傷人及盜抵罪。餘悉除去秦法。諸吏人皆案堵如故。凡吾所以來，為父老除害，非有所侵暴，無恐！且吾所以還軍霸上，待諸侯至而定約束耳。」乃使人與秦吏行縣鄉邑，告諭之。秦人大喜，爭持牛羊酒食獻饗軍士。沛公又讓不受，曰：「倉粟多，非乏，不欲費人。」人又益喜，唯恐沛公不為秦王。

〔註13〕《史記》，卷7〈項羽本紀〉，頁315，修訂本頁398。
〔註14〕《史記》，卷8〈高祖本紀〉，頁365，修訂本頁459。

或說沛公曰：「秦富十倍天下，地形彊。今聞章邯降項羽，項羽乃號為雍王，王關中。今則來，沛公恐不得有此。可急使兵守函谷關，無內諸侯軍，稍徵關中兵以自益，距之。」沛公然其計，從之。〔註15〕劉邦初入關所採取的措施，用意很深，茲分數點分析：

（一）劉邦對諸縣父老豪傑所說的一番話，乃是經過精心策畫的政治號召。一般只注意到約法三章，除秦苛法的措施足以爭取民心。實際上「諸吏人皆案堵如故」尤為值得注意，此句《漢書》作「吏民皆按堵如故」，顏師古解釋「按堵」為「不遷動也」，〔註16〕對「諸吏」不遷動，就是留用秦吏的意思。至於「諸民」，當指地方上的「父老豪桀」而言，不遷動他們，就是承諾保障他們的既得利益。一般民眾，還沒有資格勞動新來的統治者去遷動他們。由此看來，所謂「諸縣父老豪桀」，成員當不外秦吏及地方上有影響力的人物。劉邦初入關，對秦吏多加留用，對地方豪傑多方拉攏，因此下一步「使人與秦吏行縣鄉邑告諭之」的措施才可能順理成章的達成。

（二）不殺秦降王子嬰，不接受秦人所獻的牛羊酒食，同樣是爭取秦人歡心的措施。不過秦人真正唯恐劉邦不為秦王，應在後來項羽阬秦降卒二十餘萬人，以及燒屠咸陽之後。換言之，有了項羽及諸侯軍這些可怕的「復仇者」作對照，劉邦作為「解放者」的形象才更為顯明。於是自從還定三秦後，秦國故地遂成為劉邦堅強的根據地。

（三）劉邦進入關中後，先則向秦父老豪傑宣佈「吾當王關中」；再則聽從人言，派兵駐守函谷關，不讓諸侯軍入關，明白表示他具有佔據秦地稱王的決心，迥異於項羽所率領的諸侯軍旨在復仇而已。

此外，蕭何在進入咸陽之後，即刻收取秦丞相、御史府所藏的律令圖書，因此得以詳知各地情況，也把秦制的資料完整的接收過來，為沿用秦制以治理秦地，乃至其後治理天下做了完善的準備工作。〔註17〕

同為楚人，何以劉邦和項羽的對秦政策有如此大的差異？此事應該回歸到當日的局面，從秦與起義軍對立的形勢，以及劉邦集團對未來發展的布局著眼觀察：

（一）劉邦開始考量如何與秦人相處，應溯及懷王遣他入關的決策。懷

〔註15〕《史記》，〈高祖本紀〉，頁 362、364，修訂本頁 455、457。
〔註16〕《漢書‧卷 1 上高帝紀》（北京：中華書局，1975 年 4 月），頁 23～24。
〔註17〕《史記》，卷 53〈蕭相國世家〉，頁 2014，修訂本頁 2432。

王所以作出這個決策，出自於「諸老將」的建議。〈高祖本紀〉載：

> 秦二世三年（前207年），……趙數請救，懷王乃以宋義為上將軍，
> 項羽為次將，范增為末將，北救趙。令沛公西略地入關。與諸將約，
> 先入定關中者王之。當是時，秦兵彊，常乘勝逐北，諸將莫利先入
> 關。獨項羽怨秦破項梁軍，奮，願與沛公西入關。懷王諸老將皆曰：
> 「項羽為人僄悍猾賊。項羽嘗攻襄城，襄城無遺類，皆阬之，諸所
> 過無不殘滅。且楚數進取，前陳王、項梁皆敗。不如更遣長者扶義
> 而西。告諭秦父兄。秦父兄苦其主久矣，今誠得長者往，毋侵暴，
> 宜可下。今項羽僄悍，今不可遣。獨沛公素寬大長者，可遣。」卒
> 不許項羽，而遣沛公西略地，收陳王、項梁散卒。〔註18〕

所謂「懷王諸老將」，瀧川龜太郎（1865～1946）說：

> 懷王之立也，楚亡臣來歸者必眾，所謂「諸老將」是也。使懷王并
> 呂臣、項羽軍，以宋義為上將軍，遣沛公入關者，概皆此等老將所
> 為。〔註19〕

按：懷王雖為項梁所立，卻非甘心作傀儡的人物，項梁敗亡後，在「諸老將」
的簇擁下，即欲操控全局，所以有上述種種措施。不過就本文立場來說，此
處所應注意的是，就當日情勢而言，懷王挾其名號，在號召楚人時具備有利
的條件，所以懷王及其手下諸老將，不失為楚地的一股勢力。又項羽雖暫時
屈居宋義手下為次將，但項氏叔侄在吳中多年經營，延攬許多吳中豪傑，他
們之間的關係和情分，懷王自不可能在短時間內將其切斷，所以項羽的潛在
勢力不可忽視。

　　（二）爭奪天下必須具有穩固的根據地，始可立於不敗之地。為劉邦計，
楚地已有懷王及項羽兩股勢力，難於和他們抗衡；其他地方，則有「六國之
後」，劉邦也不易和他們角逐。惟獨關中，既有優越的地理形勢和資源，加以
秦不立諸侯，缺乏藩屏；二世又倒行逆施，聽趙高之言，誅大臣及諸公子，宗
室微弱。所以只要解決少數當權者，秦國即缺乏領導民眾的有力人物。配合
一些爭取秦人歡心的措施，即不難在關中立足。

　　（三）入關之舉是否為劉邦集團所主動爭取？若是，則決策之前必然經
過一番詳細的考慮，對當時天下大勢及未來可能的發展，提出通盤的分析，

〔註18〕《史記》，卷8〈高祖本紀〉，頁356～357，修訂本頁448～449。
〔註19〕《史記會注考證》（通行本），卷8〈高祖本紀〉，頁24。

因而決定以關中作為爭奪天下的根據地。可惜史無明文記載，所以本文對此事略作分析。若非主動爭取，則劉邦是在接受任命之後，始決定長久據有關中。無論是否出於主動，如果要把關中作為爭奪天下的根據地，勢必需有一套治理方案，「秦本位政策」的雛形，可能已在此時形成。〔註20〕至於此一政策的制定者，衡量劉邦集團的人物，〔註21〕在張良、張蒼、叔孫通、陳平、韓信等人未加入前，非蕭何莫屬。

（四）劉邦的本性是否能夠稱之為「寬大長者」，可以是個見仁見智的問題。但就作為政治人物來說，劉邦為了大局，能夠以理性駕馭感情，做出寬容的舉動，〔註22〕應是他可以被稱為「寬大長者」的主要條件。這也是他以楚人的身分，能夠接納秦帝國各種事物的心理基礎。同時劉邦集團「其君既起自布衣，其臣亦自多亡命無賴之徒。」〔註23〕這些平民不像懷王、項氏及其他六國之後，與秦人沒有幾代的恩怨，也較缺乏家世、文化上的包袱，比較容易和秦人相處，接受秦帝國在許多方面的成果。

（五）懷王諸老將要找一位「寬大長者」來告諭秦父兄，在政策上的意義，就是主張對秦人採取寬大的態度，以求有利於平定秦地。這項政策被懷王採納，因而稍後對劉邦、項羽等人正式作成政策性的提示。〔註24〕懷王諸

〔註20〕關於劉邦採取「秦本位政策」的來龍去脈，詳見本書第壹篇：〈試論漢初「秦本位政策」的成立〉、第貳篇：〈漢初沿用秦制原因舊說辨正〉。
〔註21〕趙翼說：
　　　　漢初諸臣，惟張良出身最貴，韓相之子也。其次則張蒼，秦御史；叔孫通，秦待詔博士。次則蕭何，沛主吏掾；曹參，獄掾；任敖，獄吏；周苛，泗水卒史；傅寬，魏騎將；申屠嘉，材官。其餘陳平、王陵、陸賈、酈商、酈食其、夏侯嬰等皆白徒，樊噲則屠狗者，周勃則織薄曲吹簫給喪事者，灌嬰則販繒者，婁敬則輓車者。一時人才，皆出其中，致身將相，前此所未有也。……漢祖以匹夫起事，角羣雄而定一尊，其君既起自布衣，其臣亦自多亡命無賴之徒，立功以取將相，此氣運為之也。
　　　　見《廿二史劄記·漢初布衣將相之局》（臺北：鼎文書局，1975年3月），頁34～35。
〔註22〕例如劉邦最恨雍齒曾屢次窘辱他，但為了安定羣臣，聽從張良的建議，封雍齒為什方侯。羣臣皆喜，認為「雍齒尚為侯，我屬無患矣。」見《史記》，卷55〈留侯世家〉，頁2043，修訂本頁2467～2468。
〔註23〕趙翼，《廿二史劄記·漢初布衣將相之局》，頁35。
〔註24〕懷王諸老將說：「今誠得長者往，毋侵暴，宜可下。」劉邦入關後，秦王子嬰降，諸將或言誅秦王，劉邦說：「始懷王遣我，固以能寬容；且人已服降，又殺之，不祥。」其後數落項羽十大罪狀，第四條罪狀為：「懷王約入秦無暴掠，

老將的政治眼光相當長遠，比起項羽入關後大事燒屠，為楚國及項氏家族復仇高明得多。項羽功在滅秦，他的這種缺失，我們不必，也無從為他隱諱，司馬遷雖然厚愛項羽，也不能不用「虐戾滅秦」四個字來指陳這種事實。〔註25〕

四、退出關中及其後果

項羽對秦人肆意屠殺，除了上節所述國恨家仇的復仇意識之外，也和他恢復戰國時諸侯分立的天下觀有關。這兩種因素交相糾結，使他採取立即使局勢惡化的兩種決策：其一是退出關中，其二是分封十八諸侯，無意繼承秦帝國一統天下的宏規。

關於前者，項羽放棄當時戰略地理最為優越，物質資源最為豐富的關中地區，可說是他致命的錯誤。關中地區的優越性，乃是當日眾多才智之士的共識。〈項羽本紀〉載：

> 人或說項王曰：「關中阻山、河，四塞，地肥饒，可都以霸。」項王見秦宮室皆以燒殘破，又心懷思欲東歸，曰：「富貴不歸故鄉，如衣繡夜行，誰知之者！」說者曰：「人言楚人沐猴而冠耳，果然。」項王聞之，烹說者。〔註26〕

〈高祖本紀〉載：

> 或說沛公曰：「秦富十倍天下，地形彊。……」
>
> （高祖執楚王信）田肯賀，因說高祖曰：「陛下得韓信，又治秦中。秦，形勝之國，帶河、山之險，縣隔千里，持戟百萬，秦得百二焉。地埶便利，其以下兵於諸侯，譬猶居高屋之上建瓴水也。」〔註27〕

〈劉敬列傳〉載劉敬勸劉邦定都關中的話說：

> 且夫秦地被山帶河，四塞以為固，卒然有急，百萬之眾可具也。因秦之故，資甚美膏腴之地，此所謂天府者也。陛下入關而都之，山東雖亂，秦之故地可全而有也。夫與人鬥，不搤其亢，拊其背，未

項羽燒秦宮室，掘始皇冢，私收其財物。」可見對秦人採取寬大措施確為懷王（及其身邊諸老將）的政策性提示。見《史記》，卷8〈高祖本紀〉，頁357、362、376，修訂本頁449、455、471。
〔註25〕《史記》，卷16〈秦楚之際月表序〉，頁759，修訂本頁915。
〔註26〕《史記》，卷7〈項羽本紀〉，頁315，修訂本頁398。《集解》：「《楚漢春秋》、揚子《法言》云說者是蔡生，《漢書》云是韓生。」
〔註27〕《史記》，卷8〈高祖本紀〉，頁364、382，修訂本頁457、477～478。

能全其勝也。今陛下入關而都，案秦之故地，此亦搤天下之亢而拊其背也。〔註28〕

〈留侯世家〉載張良贊同劉敬之議，重申關中的優越條件：

夫關中左殽、函，右隴、蜀，沃野千里，南有巴、蜀之饒，北有胡苑之利，阻三面而守，獨以一面東制諸侯。諸侯安定，河、渭漕輓天下，西給京師；諸侯有變，順流而下，足以委輸。此所謂金城千里，天府之國也。〔註29〕

其後司馬遷在〈貨殖列傳〉指出關中人力物力資源在天下所占的比重：

關中之地，於天下三分之一，而人眾不過什三，然量其富，什居其六。〔註30〕

這雖然已經是武帝時的情形，但仍可作為理解楚、漢相爭之際秦地資源的重要資料。秦國既然是戰國七雄當中資源最豐富的地區，為項羽計，即使不能自己占有，也萬不能讓它落入敵人手中。這後一點認識項羽倒也不是沒有，所以他把章邯等三個秦降將分封於關中，希望他們能守住這塊地方，阻塞劉邦向東發展的出路。只是項羽既已和秦人結下深仇大恨，而章邯等三人所帶領的秦軍有二十餘萬被他所阬殺，這三個敗軍之將不僅得以全身，還得到分王關中的好處，試問如何能令秦父老服氣？這個道理韓信在〈漢中對〉中分析得很清楚：

且三秦王為秦將，將秦子弟數歲矣，所殺亡不可勝計，又欺其眾降諸侯，至新安，項王詐阬秦降卒二十餘萬，惟獨邯、欣、翳得脫，秦父兄怨此三人，痛入骨髓。今楚彊以威王此三人，秦民莫愛也。〔註31〕

也因此，當劉邦暗渡陳倉之後，章邯等人無力保住關中的地盤。

總之，項羽不能在廟堂上化解對秦人的仇恨，從而制定寬大的政策，以防止關中落入敵對陣營，反而採取以怨報怨的手段，驅使秦人緊緊靠向對手，此時再來依賴戰場上的「力征經營」，即使徼幸成功，試問要付出多少鮮血的代價？

〔註28〕《史記》，卷99〈劉敬列傳〉，頁2716，修訂本頁3272。
〔註29〕《史記》，卷55〈留侯世家〉，頁2044，修訂本頁2468～2469。
〔註30〕《史記》，卷129〈貨殖列傳〉，頁3262，修訂本頁3930～3931。
〔註31〕《史記》，卷92〈淮陰侯列傳〉，頁2612，修訂本頁3150。

　　關中既落入劉邦的手中，楚、漢相爭期間，蕭何留守後方，利用與項羽結下深仇大恨的秦民，動員關中的人力物力來支援劉邦。〈蕭相國世家〉載，關內侯鄂千秋稱道蕭何的功績是「萬世之功」：

> 夫上與楚相距五歲，常失軍亡眾，逃身遁者數矣。然蕭何常從關中遣軍補其處，非上所詔令召，而數萬眾會上之乏絕者數矣。夫漢與楚相守滎陽數年，軍無見糧，蕭何轉漕關中，給食不乏。陛下雖數亡山東，蕭何常全關中以待陛下，此萬世之功也。〔註32〕

這段話意謂：秦國故地對前線的及時支援，常常是劉邦生死存亡之所繫。有關這方面的資料雖然極不齊全，但大致上的輪廓依然清晰。茲將史籍所載重要的補給紀錄羅列如下，有時間紀錄者依序排列，無時間紀錄者列在其後：

（一）彭城之戰前徵集「關內兵」

　　漢二年（前205年）三月，漢王以討伐殺害義帝兇手的名義，派遣使者通告諸侯：

> 寡人……悉發關內兵，收三河士，南浮江、漢以下，願從諸侯王擊楚之殺義帝者。〔註33〕

所謂「關內兵」（《漢書》作「關中兵」），其中究竟徵集了多少數量的秦人入伍？是否包含隨同劉邦入關的起義軍？雖然史無明文交代，但至少可以確定已有秦人加入劉邦的部隊。〔註34〕這次東伐，劉邦的部隊和五諸侯的兵力，合計五十六萬人。結果雖然攻陷了楚都彭城，卻被項羽反攻的軍隊徹底擊潰，劉邦僅「得與數十騎遁去」，可以說是「全軍覆沒」，保守估計，死亡的士卒當在二、三十萬以上。

（二）彭城之戰以後的整補

　　劉邦所集結的五十六萬聯軍在彭城被項羽徹底擊潰之後，按常理說，劉邦的軍力短期間內不容易恢復，不但滎陽一帶難守；退入關內，能否守住函谷關都有問題，秦帝國的覆亡即是前車之鑑。但是主要由於蕭何徹底動員秦地所有可以動用的人力，使劉邦的兵力迅速得到補充，在滎陽一帶阻止楚兵西進。〈項羽本紀〉載：

〔註32〕《史記》，卷53〈蕭相國世家〉，頁2016，修訂本頁2434～2435。
〔註33〕《史記》，卷8〈高祖本紀〉，頁370，修訂本頁464。
〔註34〕例如《史記》，卷95〈樊酈滕灌列傳〉（頁2668，修訂本頁3216。）載，故秦騎士重泉人李必、駱甲習騎兵，為校尉。

> 是時呂后兄周呂侯為漢將兵居下邑，漢王閒往從之，稍稍收其士
> 卒。至滎陽，諸敗軍皆會，蕭何亦發關中老弱未傳悉詣滎陽，復大
> 振。楚起於彭城，常乘勝逐北，與漢戰滎陽南京、索閒，漢敗楚，
> 楚以故不能過滎陽而西。〔註35〕

「蕭何」句下，《漢書・高帝紀》雖多一句「韓信亦收兵與漢王會」，但促使漢
王兵力「復大振」的主要原因，仍當是「蕭何亦發關中老弱未傳悉詣滎陽」。
關於「老弱未傳」四字，如淳注：

> 未二十三為弱，過五十六為老。〔註36〕

師古注：

> 傅，著也。言著名籍，給公家徭役也。〔註37〕

所以「老弱未傳」意指年齡在二十三歲以下，五十六歲以上，不在服役名冊
上的男子。動員的對象擴及老弱，可見其徹底的程度。這一批人力，大概應
有數十萬人。這一批人「修習戰備，高上氣力」，〔註38〕其中既有一部分人的
親人慘遭以項羽為首的諸侯軍屠殺，他們抱著向項羽復仇的心理，自然不在
話下；其餘秦人則因擔憂項羽二度入關恐將再次大肆屠殺他們的親人，必然
全力抗擊楚軍的攻勢，所以這一批兵員，無論就其素質或同仇敵愾的心理而
言，均迥異於「拉伕」湊集的烏合之眾，因此劉邦的兵力得以迅速再次「大
振」，也就不足為奇了。

（三）「關中」兵員續出

　　蕭何既已將不在服役名冊上的老弱全數動員，何以又有兵員可以徵集？
原因在於雍王章邯所據地八十餘縣入漢。《漢書・高帝紀》載：

> （漢二年六月），引水灌廢丘，廢丘降，章邯自殺。雍地定，八十餘
> 縣，置河上、渭南、中地、隴西、上郡。……與關中卒乘邊塞。〔註39〕

所以能從這些新并入的地方徵集兵員守邊塞，並陸續增援前線。史書記載：
漢三年（前204年）五月，劉邦自成皋入關收兵。〔註40〕漢四年（前203年），

〔註35〕《史記》，卷7〈項羽本紀〉，頁324，修訂本頁407～408。
〔註36〕《史記》，卷7〈項羽本紀〉，頁324，修訂本頁408。
〔註37〕《漢書・卷1上高帝紀》，頁38。
〔註38〕《漢書・卷28下地理志》，頁1644。
〔註39〕《漢書・卷1上高帝紀》，頁38。
〔註40〕《漢書・卷1上高帝紀》，頁41。

關中兵益出。〔註41〕兵員之外，物資的運補自不在話下。所以楚、漢形勢的消長是：「漢兵盛食多，項王兵罷食絕。」〔註42〕

（四）漢中、巴、蜀地區的貢獻

蕭何動員舊秦地區的人力物力，自當及於所有掌控的地區，漢中、巴、蜀三郡的動員資料，還可從常璩《華陽國志》中略見一二。《華陽國志·漢中志》載：

> 及項籍弒義帝，高帝東伐。蕭何常居守漢中，足食足兵。既定三秦，蕭何鎮關中，資其眾，卒平天下。〔註43〕

又〈蜀志〉載：

> 漢祖自漢中出三秦伐楚，蕭何發蜀、漢米萬船而給助軍糧，收其精銳以補傷疾。〔註44〕

所以漢中、巴、蜀地區在支援劉邦伐楚的事業中也都作出了相當的貢獻。

五、恢復諸侯分立的天下觀

如上所述，項羽對秦採取報復的措施，是因為他的復仇意識。這似乎是一個很充分的原因，其實不然。在這個因素之外，還有一個支持報復措施的原因，那就是他無意繼承秦帝國的一統江山，反而企圖恢復戰國時諸侯分立的局面。如果他原來有意做天下人的天子，則無論是秦人也好，楚人也好，都是他的臣民，他需要這些臣民的擁戴，否則江山不易穩固。為了維持一個穩定的江山，他對秦人，對其他諸侯的政策，就非得以另外一種面貌出現不可。

項羽無意繼承秦帝國的一統江山，明白的表現在兩件事情上面：（一）對秦人肆意報復。如果他有意做天下人的君主，則這些和他結下了深仇大恨的秦人將非常不容易治理，他們隨時都有可能爆發大規模的叛變，由於戰國時秦的國力原本遠遠高出六國之上，所以秦地的不穩將使他寢食難安。從他後來不採納韓生定都關中的建議，可以推知項羽原就無意佔有關中，也無意繼承秦帝國的宏規。

〔註41〕《漢書·卷1上高帝紀》，頁45。《史記》，卷8〈高祖本紀〉，頁377，修訂本頁472。
〔註42〕《史記》，卷7〈項羽本紀〉，頁330，修訂本頁415。
〔註43〕常璩著，劉琳校注，《華陽國志校注》（成都：巴蜀書社，1985年5月），頁108。
〔註44〕《華陽國志校注》，頁214。

　　（二）入關之後，項羽分封諸將相為王，共計十八諸侯，項羽則自立為西楚霸王。這次分封最足以表明他恢復戰國時諸侯分立局面的天下觀，而他對自我的期許，也只以春秋、戰國時的「霸主」為滿足。〔註45〕項羽不好讀書，以為「書足以記名姓而已」，所以不能吸取周朝封建後來導致諸侯互相兼併的歷史教訓。很不幸的是，項羽分封諸侯的惡果並不需要等到後世才出現，而是即刻的在他眼前爆發出來。其一，如張良所說，分封諸侯的後果之一是：「天下游士，各歸事其主。」〔註46〕導致力量的流失。其二，這是簡單的算術問題，戰國不過七雄，現在立十八諸侯，怎麼可能使六國之後恢復當年的版圖？版圖縮小，又怎能充分滿足他們「復國」的願望？況且希望封王的「豪傑」，或者說「野心分子」不只十八，沒有封王的人自然更憤憤不平。於是田榮以齊反，并王三齊；再由他授予彭越將軍印，鼓動彭越反梁地；又支援陳餘，擊破常山王張耳，迎回趙王歇；而劉邦也趁機還定三秦，東向爭奪天下。此時項羽所犯的戰略失誤，是以攻齊為首要之務，暫時放過劉邦，不料身陷齊地的泥淖之中，遂使劉邦得以糾合五諸侯之兵，攻陷楚都彭城。〔註47〕此後項羽始終陷入多面作戰的困境，終致備多力分，疲於奔命，不能集中力量對付劉邦。

　　推究造成此一困境的根本原因，導源於他企圖恢復戰國時諸侯分立的天下觀，使他無意於定都關中，因而肆意燒屠咸陽，焚毀秦宮。隨後退出關中，不久關中即落入主要敵對者劉邦手中。當劉邦據有關中地區，既有與項羽結下深仇大恨的秦民竭力支持，又有此一地區優越的地理形勢與充沛的資源，藉此東向爭奪天下，形勢上正像戰國時秦與六國對抗之局。項羽即使能集合東方各國的力量，此時據有關中地區的統治者已非二世、趙高之流，所以項羽是否終能制勝，還很難說。何況項羽連番受到齊王田榮、田廣，以及彭越、黥布等人的牽制，以分散的東方抗衡整合的關中，衡以秦滅六國的往事，東

〔註45〕黃震說：

　　　　項王非特暴虐，人心不歸，亦從來無統一天下之心。既滅咸陽，而都彭城；既復彭城，而割滎陽；既割鴻溝，而東歸，皆是羽按甲稱伯之秋，不知高祖志不在小，天下不歸於一不止也。

　　見《黃氏日鈔・項籍》（臺北：臺灣商務印書館，1983年，影印文淵閣《四庫全書》本），卷47，頁8下。

〔註46〕《史記》，卷55〈留侯世家〉，頁2041，修訂本頁2466。

〔註47〕項羽以攻齊為先所犯的戰略失誤，參看林聰舜，〈項羽對齊策略檢討：楚漢相爭中項羽最重要的國際關係布局〉。

方的項羽豈有勝算？

六、結論

　　項羽的性格中有對敵人殘暴的一面，項羽和秦人之間又有國恨家仇的宿怨，加以他並無繼承秦帝國的宏願，其天下觀僅在企圖恢復戰國時諸侯分立的局面，故其入關旨在復仇而已，無意長期留駐關中，因而不惜燒毀壯麗的秦宮，並對秦人大肆屠殺，遂致關中殘破，秦人對他徹底失望。是以所謂「富貴不歸故鄉，如衣繡夜行，誰知之者！」純粹是託詞，試問倘若項羽坐上皇帝的寶座，何愁天下人不知？衣錦還鄉之際，換他高唱〈大風歌〉，試想其鄉人之榮耀為何如！

　　不此之圖，項羽以「復仇者」之姿對待秦人，咸陽殘破，分封諸侯之後，項羽退出關中，隨即引發諸侯的紛紛叛亂。劉邦趁此機會還定關中，以關中作為根據地，東向爭奪天下之權，重演戰國時秦滅六國的故事。所以對秦政策的失誤，成為項羽失敗的關鍵因素。回顧此一歷史往事，真令無數敬重項羽英雄氣概的後人為之歎息不已！

簡體字本刊於《項羽文化》2011 年第 1 期（總第 2 期）。

2020 年 11 月修訂。